逆風飛翔

22歲後要擁有的45個黃金心態

目錄・CONTENTS

在與人交往的過程中，一定要明白，你是與什麼樣的人交往，以什麼樣的方式交往，這樣才能在職場與生活中都得到知音，否則對方不將你推心置腹就算了，還有可能會對你的前程造成危機。

修心篇：潛心的修養靈性

我們的身心是需要修養的，需要淡泊明志，寧靜致遠。陶冶自己的靈性，追求自己內心想要的生活，才能享受屬於自己的幸福，不至於被社會淘汰，釀成苦果。

目錄 · CONTENTS

我們要能好好地約束自己，使自己的心靈歸於平靜，這樣才能成為自己的主人，不會管理不好自己，讓一切亂了套。

悟心篇：感悟真實的自己／205

世上的一切都需要感悟，只有回歸到心靈的深處，才能真正地認識自己。我們要感悟自己，從最深層出發，瞭解自己，突破自己。

目錄・CONTENTS

前言

工作不積極、遇到挫折就被擊垮、不願意面對挑戰、寧願啃老也不願工作……。這個社會似乎對年輕人抱持著很多負面觀感，認為他們毫無可塑性及抗壓性，人們似乎對他們不再抱持著期望。

但又有誰願意被當成草莓族？只是有的時候，就是會覺得生活中面臨的困難太過巨大，以至於不想去面對，甚至是逃避。22歲前，就像一株美麗的溫室花朵，受到家人的呵護與關愛，遇到困難與挫折時總有人能站在身前去解決問題；而22歲後，從校園畢業踏進職場，突然會有種被迫離巢的感覺，工作上的問題父母不再能替你解決，一切只能靠自己想辦法，用自己的肩膀去扛起責任。

22歲後的我們不再受到保護，就算我們不願意，也得面對要抬起頭挺起胸膛進入社會大學的這一刻。成長的路上總是跌跌撞撞，我們必定會面對到許多困難與挫折。進入職場後，很多年輕人恍然像是上了一堂震撼教育——22歲說不定還領不到22K，原來辛勤的努力是如此不值；上司不再像敦厚的老師，可以包容你的過錯或不足，他們對員工的要求不再有適度的寬限，眼中所見只有成績而不是過程；而與同事們的相處也不像以前交朋友那麼樣的單純，利益鬥爭難免，有時真誠以對卻換不來良好的回應，甚至可能會被人心機陷害——於是有的人因此在職場上陣亡，並且感到一股無限的挫折感，他們倒下了，一蹶不振。

這些初入社會所遇到的難題，再也不是以往那樣能夠輕鬆以對。很多時候你會覺得自己沒得選擇、無法逃避，但面對它們時又讓你覺得異常痛苦、無法克服。但其實這正是每個人離巢學飛的必經階段，每個人都必將面對，唯有克服了逆風，你才能真正學會飛翔。

面對挫折，如果你還只想立刻找人幫忙、或僅是忖度手上握有什麼資源，那麼，你還沒學會成長；我們首先應該要做的，是調整我們的心態，先幫助自己，別人才會幫我們。否則，即使你擁有再多資源，倘若心態不調整，你也看不到。

英國哲學家培根說：「順境中的好運，為人們所希冀；逆境中的好運，則為人所驚奇。」

我們希冀著好運，那是無可厚非的。但如果我們在逆境中能改變心態，進而迎來好運，那不是就更令人驚奇了嗎。我們可以挺起胸膛大聲說：「我遇到挫折，但是我挺過來了，我改變它了。」

人生不可能事事都順心，22歲是一個轉捩點，也是我們該離巢成長的時刻。這本書獻給你們，22歲後的你們，它將教導你們該如何逆風飛翔，飛向嶄新人生的高峰。

交心篇

與合適的人交往

在與人交往的過程中，
一定要明白，
你是與什麼樣的人交往，
以什麼樣的方式交往，
這樣才能在職場與生活中都得到知音，
否則對方不將你推心置腹就算了，
還有可能會對你的前程造成危機。

1. 試著與難相處的人相處

我們常常會在生活中碰到所謂「難相處」的人。有些人整天沉默寡言，就算你找話題聊，他也不搭理；有些人高高在上，目中無人，好像對你充滿敵意；有些人成天滿腹牢騷，怨天尤人；有些人對你的工作吹毛求疵，百般挑剔；有些人膚淺無聊，言談間充滿低級趣味……要是和這些人只是偶然相處倒還好，問題是如果你被迫長時間地和他們接觸、交往或者共事，在這種狀態下，你的煩惱是可想而知的，怎樣對付這些難相處的人的確是一門藝術。

首先，你一定要明確狀況，釐清之所以造成這種困擾，是不是你自己的問題，還是你對別人要求太高所造成。你可以試著詢問你身邊的其他人，看看你所認為的「難相處者」在別人眼裡是否也是這樣。要是別人並沒有這樣的感覺，那你就要從你自己或你們兩個人的交往相處上找原因。

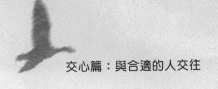

對於一名真正難相處的人，你要學會設身處地地瞭解他的處境，也就是使用移情法。你不要和他爭執，也不必強迫他去做些什麼，你要心平氣和地諮詢他，就算你的目的沒有達成，也能在一定程度上緩和你們之間的隔閡。即使他提出的原因在你看來可能是非常荒謬的，你也不必立刻去反駁他，而是想辦法從他的言談中發掘某些真實的成分。這麼做能夠進一步緩解你們之間的狀況，使雙方都感覺心情舒暢。

雖然要做到上面這一點並不是一件容易的事。這時建議你學會運用一些心理諮詢專家常常做的一件事，那就是學會傾聽，「聽」有時會比成千上百的「說」來得重要。此時，你可以採用間接的方式讓他知道，你對他對待你的方法感到非常不安，這種方法往往能軟化難相處者的敵對心理。要是在這種情況下，對方還是沒有領你的情，你就直言向他表白「現在」不是談話的最好時機，「過一段時間」你們有必要再進行溝通，並且強調這是你們雙方都必須要做的工作，這樣讓雙方都能從僵局中走出來。要是你能以一種寬容大度的方法對付難相處的人，久而久之，對方也會自然地改變他的態度，進而向你的良好態度看齊，這樣就能避免許多不必要的麻煩，也讓你有了更多與人交往的經驗。

當然，每天我們都會面對不同的人，我們也有可能因為不同的原因，去接觸那些讓我們覺得難以接觸的人。但是他們也是正常人，只是比別人略有不同罷了。我們去接觸他們，要以一顆平常心，不要認為他們跟別人不一樣而去鄙視他們。其實，他們也希望得到穩固而融洽的人際關係，只是介於某方面我們不知情的原因，他們變得比較難相處，如果我們有需要和他們接觸的時候，就算他們有某些我們無法容忍的地方，也不要跟他們太計較什麼。因為在人際關係的一環中，他也是其中的一員。在日常生活中，你需要面對各式各樣的人，任何人你都要想辦法去應對，如果你們與難相處的人關係變得融洽了，和其他人的接觸也就水到渠成，你的人際關係也將會進一步地發展，朝更好的方向發展。

2. 不可輕易得罪人

在生活中，人要學會相互幫助。漂流的魯賓遜即便是流落荒島，也有一位名叫「星期五」的土人夥伴相伴，更何況身處這一競爭激烈、社交往來頻繁社會的我們？因此，「得罪人」絕對是一種剝奪自己生存空間的行為。

(1) 得罪了一個人，等同於堵住了自己的一條出路

世界雖然很大，但有時卻會因為得罪人而顯得極其渺小。當然，這也不等於說你只要得罪了幾個人就沒有生存的空間。你要知道，世界雖然很大，但有時可能你走在路上都會和自己的死對頭相遇，更何況同行同事之間？同行有同行的交往圈子，得罪同行，彼此碰面的機會更大，那多尷尬！而且多麼不利！本來你可以和他合作獲利，但卻因為不

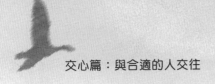

小心得罪了他而失去了大好機會，這令人多惋惜啊！

⑵得罪了一個小人，等同於為自己埋下一顆不定時的炸彈

得罪了君子，最嚴重的後果是老死不相往來；但要是得罪小人，事情可沒完沒了。他就算不採取報復，也會在背後造謠中傷你，為你製造許多不利的輿論，你就算有理也會說不清。

但是不要輕易得罪別人是有原則可依的。當事情有不再容忍的餘地時，當正義公理不再能伸張時，還是需要挺身而出，否則就會黑白顛倒，是非不明了。這種挺身而出有時會得罪人，雖然有可能為自己堵住一條出路，但也有可能為自己開闢出更多的光明大道。但除非情況已十分扭曲，不然還是不得罪人好。

當你感到自己的利益受到侵害時，或者得不到他人的尊重時，請先靜下心來想一想，切勿動氣，也切記不要氣焰囂張、盛氣凌人。因為這種人眼裡只有自己，容不下別人、沒有自知之明。

最重要的是，如果老是得罪人就會變成一種習慣，老是壓不住心中的怒火，改不了自己的個性，總是說「反正我就這樣」，而這樣就會將自己推向狹窄的死巷子。

俗話說：「朋友多了路好走！」同樣的道理，敵人多了路就沒辦法走了！

3. 以禮相待，利於溝通

禮尚往來在這個社會是非常重要的一環。「仁、義、禮、智、信」，其中「禮」是儒家思想裡最經典、最輝煌的部分。它的影響深遠，現在還備受人們的推崇。所以，送禮也就成了最能表達情意的一種溝通方法。客觀而言，送禮受時間、環境、風俗習慣的影響；主觀而言，送禮因對象、因目的而不一樣。

人們經常看到有人拜訪客戶，要送禮！感恩答謝，要送禮！求人辦事，要送禮……總而言之，想讓某人幫你辦事，就要有「禮」。有禮才能把事辦好。

每逢過節，人們都穿戴一新，提著禮物，開開心心地拜訪父母，拜訪親朋好友，表示自己的孝心與情意，形成一股歡樂的氣氛。實際上，送禮不是壞事，「千里送鵝毛，禮輕情意重」，這是很正常的現象。請人幫忙少不了要送禮。從古到今，在社會上都有送禮的習慣，而送禮之風越來越盛行。拜訪親友，要送禮！逢年過節，要送禮！禮不在輕重，貴在情意。而這點情意，就是你和對方關係的基石。一籃水果，一包茶葉，一束鮮花，值多少錢？但其中卻蘊含著一斛深深的情與濃濃的意。學生畢業時，送老師一個鑲著相框的師生大合照；生病時，送病人一些營養補給品；生日時，送朋友一個蛋糕。只是看著，心裡就會升起一種暖暖的情意，看見了禮物會想起送禮人的好，從而勾起無數溫馨的場景。送禮作為一種社會風俗，事實上體現著道德的準則，標誌著人情的情感。送禮，是從古到今傳下來的習慣，求人要送禮，拉關係也要送禮，「以禮服人」，「禮多人不怪」，是古老的格言，送禮好辦事在現代社會裡作用更為顯著。商務送禮實際上已經成為了一種藝術與技巧，從時間、地點到選擇禮物，都是件很費人心思的事。整個過程都需要人細心地去考慮。

只有送禮才能請人幫你辦事。請客送禮辦好事。朋友間幫個忙，送點小禮物，買點水果，表達謝意！人家有功勞，以後再有什麼事情，他還會幫你的忙。假設別人幫你辦完事，你轉頭就不再理人，這樣以後你就不用再找他幫忙了，對方絕對不會理你的。

錢主任上任沒多長時間，就在人事方面大下工夫。禮物全都備齊了，今天去總經理家，明天去副經理家。不論是物還是禮都做到了，主任個子不高，頭腦倒是聰明。他去送禮沒有送不出去的，所謂「送者眉開眼笑，收者心安理得」。沒過多久他就步步登天。由此可知，送禮不光只是物質方面的，也是給上司的「精神禮物」。

不管在生活裡還是工作中，我們都要注意到給予他人「精神上的禮」。所謂「精神上的禮」指的是當他人有事情需要幫助，或需要人給他想想解決辦法時，你如果能夠幫他，獲得他對你的信任。當你需要他幫助的時候，他也會很樂意地反過來幫你的忙。

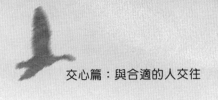

禮物中滿載著感情。透過禮物，我們能夠傳遞我們的情意，或是酬謝、或是求人、或是聯絡感情等。事實上，最好的禮物是根據對方興趣愛好來選擇的，送他們想要的東西，例如：富有意義、品質不凡卻不顯得太過雍容華貴的禮物。所以，選擇禮物時要考慮諸多方面的因素，要做到有新意，不落俗套。

要是你為了辦事給上司送禮拉關係的時候，上司卻婉拒了，一定會讓你覺得不高興，你會想盡辦法讓他收下你的禮。按照我們通常的思維而言，只有上司收下了東西，事情才好辦，不然根本就沒戲唱！正所謂「吃人家的嘴軟，拿人家的手軟」。想讓人幫你辦事，禮要送到位。

相互送禮物是很普遍的事情，也是和人交往的手段。在如今這個送禮成風的時代之下，怎樣利用送禮做到出奇致勝，實在是一門很大的學問。

某城市的藥品招標結果剛出來，李科達就向公司反映，手上有間醫院，要與院長及藥劑科主任溝通一下，這樣有利於藥品合約簽訂，上司聽了李科達建議後感覺想法不錯，且所需費用不多，很快就批准了。在國慶日前的兩天，李科達就準備請客，為了好辦事，他先打電話約院長出去吃飯，院長同意了。在他們吃完晚飯後，又去了KTV，之後李科達把事先準備好的一套價值昂貴的西裝送給院長，同時告訴他：「要是穿在身上不合適，隨時告訴他，他再拿回去換」。果真不出李科達的預料，第二天，院長打電話給李科達說：「衣服有點大，你再換一件。」但是，換過以後，他又感覺小了，於是很不好意思的想讓李科達再幫他換一次。李科達馬上又帶回去換尺寸，但說可能要過幾天後才能給他送來，院長覺得給李科達帶來了不少麻煩，直說：「那多不好意思。」幾天後，當李科達按提供的尺寸換好西裝，再把西裝送到院長手上時，院長穿在身上覺得非常合適。

當院長再遇到李科達時，他熱情地邀請李科達到他的辦公室參觀，一進辦公室，院長就親自給李科達倒水，還不停地對李科達說：「小夥子，好好做，你很有前途啊！」在李科達要離開的時候，院長又問道：「你公司有哪些產品招到標了？」當他聽李科達說有六十多個產品時，他立刻告訴李科達，叫李科達把有關的檔案資料給藥劑科主任，還說到時必定給李科達多簽幾個產品。

幾經周折，李科達不僅把禮送上了，並且還送得很巧妙，使院長感覺很不好意思。

實際上，這些都是李科達的計策，多次的換衣服，和衣服上的標價，都是他事先策劃好，想讓上司自願為他辦事的小計謀。

要想讓他人樂於為你辦事，「禮」是不可少的。「禮」多人不怪。不管辦事也好，和人交往也好，都要有「禮」。

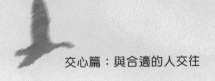

4. 借助朋友的力量成就自己

善於借者，親情友情皆可求助，鄰居朋友都是資源。如果你有了好的人緣，便有了辦事成事的資本。當你有心的時候，就能讓你的人際關係變成一個用之不竭的成功寶庫。

親情友情固然重要，同窗之情也不可或缺。

誰都有幾位昔日的同窗，有時善借同窗情誼能幫助自己完成大事，所以千萬不要白白浪費掉這種寶貴的人際關係資源。

同窗情誼，情如手足，在某種程度上更勝於親戚之情。

同窗情誼，猶如朋友之情，但一定意義上又區別於朋友之情。

實屬有緣，才成為同窗。大千世界，芸芸眾生，這緣分值得珍惜，更應該好好珍惜。一開始就相識、相處，之後相知、相助，同窗關係歷久彌堅，助益良多，何樂而不為？

而幫助你解決麻煩的人，最得力的就屬同窗之間的關係。

在最純潔的時期，有可能發展為長久、牢固的友誼就是同窗關係了。因為在學生時代，人們熱情奔放，年輕單純，對人生和未來充滿浪漫的理想。當然，這種理想往往是同窗間共同追求的目標。他們或許還記得，彼此在一起熱烈地爭論與探討，每個人的內心世界都袒露在別人面前。加上同窗之間朝夕相處，彼此間對對方的性格、脾氣、愛好和興趣等等都已深入瞭解，進而惺惺相惜。這就如同釀酒，時間越久就越香醇。

如果同學之間的關係越深，將來彼此互相幫助的可能性就越大，甚至還可能是，你尚未主動開口，同窗就主動要幫你忙。

唐玄宗時期有名的宰相叫姚崇，權傾朝野。

僅管如此，在同窗之中，還是有一人深得姚崇的敬佩。那是在姚崇高中秀才後，同拜一位老師的門下繼續深造的另一位秀才張宗全，每次張宗全的高談闊論都會給姚崇以深深的啟迪。

當了宰相以後的姚崇，於是向唐玄宗推薦此人。唐玄宗在親自考核完張宗全的才華之後。深以為信。便封了他一個專職外藩事務的正三品官銜。

像這樣的事例不勝枚舉，可見，人情在同窗關係中的作用是如此的巨大！因此，同學之間，不斷加深彼此的友好關係，就能為彼此創造有利條件。

在茫茫人海的世界上，能成為同學，就是緣分不淺。雖然相處時間不長，但這中間的關係不但值得珍惜，還值得持續下去。當你與同學分開後，要是還能保持一種相互聯繫、歷久彌堅的關係，那對你的人生，或者說對你將來所要達到的目的和理想是會有很大好處的。

因為在危急關頭上，能幫上大忙的有時恰好就是同學，能達到排憂解難的作用。但是一定要記住的一點是，這中間的好處是來自於自己的努力，如果你和同學分開之後，沒有經常相聚，那麼你們之間的關係之好無從談起，想從中受益更是一廂情願的想法了。所以，只要你有這份心、這份情，真誠地維持分開之後的同學關係，那麼你的路就會比別人多出幾條，你的人際面也會更加地廣泛。

還有一種難得的人際關係是同鄉情誼，特別是對於離開故鄉的人，這種關係就更容易成互相幫助、加強交流的資源。

劉賢政原本是澎湖人，畢業後認為到台灣本島比較有工作機會，於是靠著親戚的接濟金，舉家搬到台中定居，剛開始，一家人過著非常貧苦的生活。後來，劉賢政以敏捷的思維和過人的膽量，投資創辦了一個工廠，經過幾年的奮鬥和拼搏，現在已是小有名氣與規模的老闆。

劉賢政雖已成家立業，但時時刻刻都在想念著澎湖，與澎湖的人民。年紀大了之後，他萌生一種落葉歸根的想法，但苦於生意上太忙，沒有辦法回去。

也就在這時，澎湖為了創辦當地的特色產品加工廠，需要一筆數目不小的資金。當地政府想盡辦法，才籌到了總數的三分之一，於是就派出政府對外聯絡辦事處的職員張天季去找劉賢政，希望能得到他的幫助。

張天季善於交際、為人聰明，而且很有自己獨到的看法。他研究過劉賢政的詳細資料後，知道劉賢政也很有投資故鄉的意願。因此，在沒有任何人員陪同，也沒有準備任何禮物的情況下，獨自一人前往台中，並且非常有自信一定會籌到款項。

當劉賢政聽到有澎湖人來訪時，在欣喜之餘也感到有些驚訝，因為久不聞故鄉的訊息，這時卻突然有人來了，他猜想該不會是想詐騙的人吧！雖然劉賢政憂心忡忡，但出於禮節，他還是接見了張天季。

張天季一見劉賢政的神情，就知道他還是不太相信自己。於是他挑起了有關澎湖的話題，圍繞著劉賢政離開故鄉後，那些澎湖的變化。他那生動的語言，特別是濃濃的愛鄉之情溢於言表，令劉賢政深受感動，也將他帶回了童年和少年時期：那時的家鄉、那裡的爺爺奶奶，還有鄰里親戚……很顯然，劉賢政記憶深處中的那份鄉愁就這樣被張天季揭開了蓋頭，蘊藏在劉賢政心中幾十年的感情全部流露了出來，說也說不完。

時間就這樣過去了，經過三個小時的「聊天」，張天季對借錢的事隻字未提，只是和劉賢政回憶了家鄉的變遷，猶如播放電影一般。最後，劉賢政不但主動提出要為澎湖捐款一事，還提出了和故鄉合資開工廠的要求，很迫切的想為故鄉做點事。

張天季確實很聰明，他能充分抓住劉賢政的心理特點，抓住劉賢政那份在心裡埋藏了幾十年的思鄉之情，和劉賢政聊了一個彼此都非常感興趣的、輕鬆的話題，引起了共鳴，不但使此行的目的圓滿達成了，還為此實現了劉賢政的那份心願。張天季這次的台中之行不但沒有白費，還獲益良多！

借同鄉關係的這種辦事方法，關鍵就在於能抓住「情」這個字。那就是思鄉之情，思鄉之情是愁苦的，思鄉之情是深沉的，思鄉之情是平日裡別的事情不能輕易觸動的感情。

朋友不僅是生活中的重要組成部分，更是我們成功的重要因素。你贏得勝利誠然是要靠個人的才智與努力，但是沒有社會關係也會非常困難，因為社會畢竟是一張由人織成的大網。

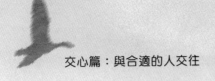

辦事需要社會關係已成為人們的常識。可是每個人的社會關係總是有限的，很多人都有這樣的體驗：要辦什麼事，如果沒有相關方面的熟人，就會急得團團轉；這時候，就必須向朋友們打聽，詢問他們有沒有這方面的熟人來解決難題。這種做法，可謂是「借」，借朋友的社會關係來解開自己遇到的難題。每當這個時候，好朋友也總是慷慨解囊，把自己所有可用上的社會關係介紹給你。可見，朋友之間互相「借」用對方的社會關係，也已經漸漸成為朋友的「功能」之一。

交朋友有很多的方式方法，但更多的情況是，朋友向朋友介紹自己另外的朋友，使他們也成為朋友。一些彼此天南海北的人在第一次交往後會發出這樣的驚嘆：「這世界簡直太小了，繞了幾個彎，大家就變成熟人了。」這就是其中奧妙的所在。

要想和平時不是太熟悉的人一見如故，實在不是件容易的事。初次見面，最多握個手，說幾句客套話，想再深聊，也沒有多少共同話題，多挑應酬的客套話說，又容易使對方生厭。但如果互相扯上朋友關係，就會讓對方提起興趣。那麼，在適當時機提出自己的一點小請求，再補充道：「朋友向我說起過您，並囑咐我向您請教，必能得到寶貴的指示。」那麼大多數情況下，不太過分的懇求都會得到很好的幫助。如此，擴大自己的社交範圍就是借助了朋友的社會關係。

常言道：「多個朋友多條路。」社交範圍的擴大，一定會對自己的事業有很大的幫助。

不會借助朋友關係的人，只能在自己的圈子裡辦有限的事；善於借用朋友關係的人才能辨什麼事都迎刃而解。

5. 朋友易得，知心難求

人們常說，「知人知面不知心」或是「人心隔肚皮」。人與人之間確實隔著一層肚皮，彼此看不見，摸不著，互相難以猜測。但也正因如此，很多人都把友情當做遊戲，只考慮自己，而絲毫不顧他人的感受，但令人遺憾的是，雖然對方花言巧語，玩弄別人感情，但卻就是有人會相信這種愚弄。

世態炎涼，人情冷暖，稍有不慎，就會有丟失飯碗之虞，甚至連身家性命都會受到威脅。很多時候，人連自己都不相信自己，心口不一，這是為什麼呢？因為即使是父母、情人、子女，也會發生矛盾，彼此的利害關係都可能發生衝突。但對很多人而言，當他們明白這個道理的時候，卻已經為時已晚了。任何時候，都不要付出自己感情的全部，不然就會全盤皆輸，一無所有。這種傷害，需要花費很長時間、很大勇氣去療傷，所以，有時候時間就是療傷的良藥。

但是也不乏一些聰明人，他們會給自己留一條後路，很懂得保護自己，對於這樣的人來說，一輩子就能找到幾個真心待己的人，因為對於理性的人來說，付出和索取是成正比的，只是比例有時大，有時小而已。

晉國的中行文子在春秋末年被迫流亡在外，一次，當他經過一座界城時，隨從提醒他說：「主公，這裡的官員是您的老朋友，您為什麼不在這裡停留一下，順便等候後面的車子呢？」中行文子答說：「你說的很對，從前此人待我不薄，有一段時間，我喜歡音樂，他就送給我一把鳴琴；後來我喜歡佩飾，他就又送給我一些玉環。他一直在投我所好，以求我能接納他，現在，我就擔心他會為了討好別人而出賣我。所以，我必須離開此地。」果然不出所料，很快，這個官吏就派人扣押了中行文子後面的兩輛車子，獻給了晉王，借此邀功。

芸芸眾生，沒有幾個能像中行文子那樣洞明世事。要知道，芸芸眾生，有很多人慈眉善目，但往往表裡不同，心口不一，一般情況下是分辨不出的。

因此，與人相處一定要謹記：害人之心不可有，防人之心不可無。

陳韻茹和洪素麗是透過一起打工認識的，平時一同工作，一同下班，於是成了好朋友。後來為了方便，兩人就同租一棟樓的兩個房間。春節將至，陳韻茹需外出購物，就把房間委託給洪素麗看家，但誰想得到洪素麗會背信棄義，橫生歹念，乘機將陳韻茹的項鏈和戒指等貴重物品全部偷走，損失金額高達十萬元。等陳韻茹購物回來，發現好多東西不見了，以為家中遭小偷，便詢問洪素麗。洪素麗謊稱當時有事外出，並不瞭解。無奈之下，陳韻茹報警。經過現場勘查，警方發現洪素麗有很大的犯罪嫌疑。經過訊問調查，洪素麗承認了自己盜竊的犯罪事實。最後，警察將被盜物品全部追回，歸還陳韻茹。

所以，即使當我們一帆風順的時候，也要時刻保持警惕，很多人都可以稱之為朋友。大家杯盞應酬，禮尚往來，互相關照。但一旦陷入困境，或窮困潦倒，或事業失意，或病魔纏身，或蒙冤被困，或權位不存，這時，自己受打擊不說，就連昔日好友也將受到友情和良心的嚴峻考驗。透過他們對你的態度、和你保持的距離，誰好誰壞，你將一清二楚。到時，那些勢利小人就會躲得你遠遠的，生怕沾染晦氣；甚至還有人會趁人之危，落井下石，試圖踩著你的肩膀向上爬。但也不排除一些始終如一繼續跟你在一起，與你禍福相依，患難與共的人。就像古人說：「居心叵測，甚於知天，腹之所藏，何從而顯？」答曰，在患難之時。此時真朋友、假好人、關係好的、一般的、誰是「患難兄弟」、誰是「牆頭草」一眼就能看出來。

自古以來，權力、地位、金錢、利益都是人心的試金石。有些人，當他普普通通的時候，就會與朋友親同手足，百般親密。一旦他哪天出人頭

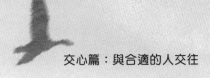

地了，便會變得目中無人，與朋友交往的觀念也會隨之改變，對以前那些「窮朋友」就會開始百般冷漠，保持距離。

在利益面前，無論是好人，還是壞人，當對自己有利或利益無損時，有的人就跟你稱兄道弟，親密無間。可一旦彼此利益發生衝突時，他們就會翻臉不認人，唯利是圖，見利忘義，那些過往的友誼和感情統統不復存在了。就像平時一起工作的同事，平日大家打打鬧鬧，十分親密。可是到了升職時，由於名額有限，「僧多粥少」，有些人的狐狸尾巴就露出來了。他們才不管什麼同事、什麼朋友呢，厚顏無恥地揭示別人的短處，張揚自己的長處，甚至不惜造謠中傷他人，千方百計想壓倒競爭對手。這種人的良心，在利益面前就一覽無餘。事過之後，他還會若無其事和你套交情，但是，誰也不會再搭理他。

不過，世上重視友誼、大公無私，忍耐讓人的人還是很多。但在利益面前，每個人總會被考驗，每個人的心靈都有機會當眾被檢視。所以，利益得失也是考驗人心的試金石。

另外，時間也像一名法官。在一時一事上，有的人可以稱得上是朋友。但時間久了，他們的為人、性格就會顯露出來。正所謂：「路遙知馬力，日久見人心」。如此長期觀察，就會知人知面也知心。

6. 別攻擊他人的缺陷

故意暴露別人的隱私，對受害者來說，是一件令人生氣及不堪的事情。因此，千萬別用諷刺性的言語去攻擊他人的缺陷。

《韓非子》卷四《說難》中提到了「逆鱗」，意思是即使面對再馴良的龍，也不能掉以輕心。龍的喉部下面約直徑一尺的部分上有「逆鱗」，全身只有這個部位的鱗是反向生長的，如果不小心碰到了，龍必定會被激怒，惹來殺身之禍。

所以我們可以延伸解釋，無論多麼高尚和偉大的人，身上都存在「逆鱗」。只要我們不去碰觸對方的「逆鱗」就不會招來禍患。所謂的「逆鱗」，其實就是我們所說的「痛處」，也可說是「罩門」，就是缺點、自卑感。因此與人接觸時，我們有必要事先找出對方的「逆鱗」，以免因為冒犯對方而招來不便。

人們的性格類型是千奇百怪的。我們說左，他說右，我們說右時，他又非說左不可，像這樣永遠唱反調的人在現實中還真不少。就算不至於如此偏激，但也有人總是固執地堅持自己的立場，也有人頑固地認為自己的想法永遠是最正確的。

當然也有掩藏自己心裡的企圖，為了試探對方的心意，不惜唯唯諾諾、奉承拍馬屁、迎合對方口氣、一探虛實的人。

受傷的瘡疤不能碰觸，越摳越會發炎，受傷面積可能越來越大。觸人痛處，無疑揭人傷疤，其結果犯了人與人相處的大忌，得罪了別人，自己也撈不到什麼好處。

所以每個人都必須避開攻擊他人缺陷的地雷區。

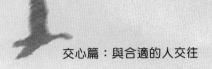

7. 與人合作的十一條準則

我們都知道，有時候成功的事業來自於豐富的知識累積。然而，要想把一個概念變為成果，如果不與他人合作，那麼任何人，無論是偉人還是凡夫俗子，都將無法實現。

與人合作得是否愉快且卓有成效，和你的能力大有關聯。以下的準則便是總結：

(1)讓對方感覺到你在意他

幾年前，約瑟夫・占爾伯特向勞倫斯學到一個法則，變成了他對於人際關係的啟蒙。他說，每個人的脖子上都掛著「讓我感到我的重要」的無形識別證。這句話很好地表達了人與人之間交流的重要性。其意思是說，我們每個人都要求得到認可，但同時我們也要看到別人的重要性。我們有自己的真實情感，希望被喜歡、被愛、被尊敬，要求別人不把我們看做是冷漠的機器人。因為我們都有自己的理想與抱負。

你的下屬可能會想：「我賺的錢沒你那麼多，我也沒有你那麼高的權威，沒有你那麼大的房子，沒有受過你那麼高的教育，但我和你一樣，我也是人。我也有家庭，和家人鬧過彆扭後，我會無法專心地工作；當孩子獲得獎學金時，我會因此而自豪，迫不及待想與人分享。」

當然，你也是個普通人，即便你工作能力、事業成就等方面比別人都高出一截，你也應該在意他人。要是你任何時候都擺出一張撲克臉，或是態度高高在上，這樣誰會喜歡？這樣誰會想和你合作？而只有你留意他人，讓他人感覺到了他的存在，讓他人感到被你尊重，他才會進一步地和你交往，進而開誠布公地與你合作，你們雙方才會有一個美好的前程。

⑵要給人親近感

在郵局裡，一張笑臉或是一句問候，會縮短行員和民眾之間的距離。

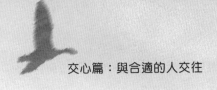

而上司如果保持親和力，常給下屬親近感，就會使員工工作起來更愉悅、更賣力。莎莉在回家後告訴他丈夫：「信不信由你，我們工程部副主任居然認識我。他叫我的名字。但我只是兩百五十人的技術中心裡的小人物啊！」你要知道，一個小小的友好表示不僅會讓對方感到滿足，而這個表示更是大大地美化了你的形象，讓大家覺得你是個和藹可親，適合合作的人。

⑶親臨現場，高效管理

首先，如果你是一名管理者，你應該知道誰在認真工作。你向他們真誠請教，他們會驕傲地描述他們的工作，顯示他們的技能。你也能學到許多在辦公室裡學不到的東西。

另外，親臨現場的管理能讓你瞭解員工的業餘愛好、家庭狀況和長遠打算。你也把自己的事情告訴他們，讓他們感到親近。關鍵的是，我們還擴大了自己的社交圈，我們認識了辦公室以外的人，和他們相互尊敬和理

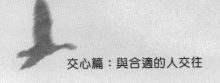

解會讓你的工作有更好的發展。

⑷定期地誇讚對方

假如你工作做得好，你的上司沒誇讚你，你會怎樣？你會想「我幹嘛還要這麼賣力呢？沒人關心我工作好壞。我是這麼努力創造卓越成績，而他們竟然和我領相同的薪水。」

所以，定期地誇讚他人是我們生活前進的動力。尤其是當誇讚顯示出對對方成功的理解時，你更應該這麼做。

⑸犯了錯誤，馬上承認

有段話這麼說：「當你犯了錯，必要時，自己走上斷頭臺，讓人家砍頭，通常大家會原諒你的。」也就是說，當你犯了錯，無論如何都要先道歉，先誠心地道歉，再好好反省自己的過錯，由於你已經展現出你的誠意，所以通常大家都可以原諒的。

除此之外，學會幽默和自嘲也能讓我們的生活更輕鬆些。它表明你是個普通的人，而不是老頑固。幽默感常能使你擺脫尷尬的局面，化干戈為玉帛。

⑹把團體的目標當作自己的目標

常常有人這麼談論老闆和公司：「為什麼一定要為那個討厭的老闆工作？老闆一點也不了解我，也不信任我，我還要應付那麼多我不願意做的事。」

所以，我們要有自己做事的準則——工作效果要讓老闆滿意。在你的事業生涯裡，你會發現，盡可能地不斷付出，但不馬上尋求報答，會使你得到比酬勞更重要的東西，那就是信任與合作的快樂。團體的目標就是你的目標，所以你要為此努力奮鬥。也許你是那些自我鞭策進而獲得自我滿足的寵兒之一。但要知道，這麼做之後，你的老闆會很滿意的。

⑺熱心地幫助他人

你給他人一項任務，當他完成時，你就是幫助他發展自我，和他共享

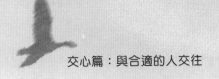

成就感，也增強了他的自信心，讓他今後在沒走過的路上可以迎接更大的挑戰。

當他跌倒的時候，引導他再次站起來，鼓勵他，讓他克服第二次嘗試的恐懼。堅持一點，不是採用托兒的方式去培養他們，而是讓他們在大風大浪裡學習游泳，增強他們實現成功的自信心。

⑻重視集體的力量

作為一個領導者，不論多麼富有和善於創造，都不可能像擁有六個、十二個或二十個助手那樣面面俱到，俗話說：「三個臭皮匠勝過一個諸葛亮。」

在制定計畫時，一定要向每一個參與者灌輸團體意識。所以要做一名成功的領導者，就應該適應一個活潑有朝氣的團體，就算沒有你也要培養出這個團體，他會幫助你和你的合作者們，或是下屬們更容易凝聚力量，進而達成目標。

⑼不苛求你所愛著的人

那些成功的領導者可以理解辦公室裡員工發生的基本錯誤。但是他們在家裡，對妻子和孩子卻非常嚴苛。為什麼對別人可以客觀些，而對深深愛著的人就不能寬容呢？

仔細分析後就不難發現，因為那些領導者把所愛的人都偶像化了，要求他們至臻完美。事實上，家庭成員和其他人一樣，都是普通人，他們不可能總是完美的。因此，不要為了別人也會犯的錯誤來苛責你所愛的人。

⑽學會聆聽

不曉得你有沒有注意到，當你和別人交流時，我們如果總是一味在「說」，那就學不到什麼東西，只有在傾聽時才能學到東西。因此多讓別人說，多給人表達的機會，去傾聽他們的情感和意見。這樣才能學習，才能成長。

⑾減少猜忌心

人們常說：「猜疑把人們變成了蠢驢。」但是，我們還是經常推斷別人的反應和行為。我們常以為事物是不變的，人也是不變的。很多時候，我們根本觀察不到周遭的人事物早已經發生了微妙的變化，但這些變化卻可以慢慢改變我們。

有這樣的一個故事，說的就是這個道理：

上周日菲爾的除草機壞了，他剛好要除草。所以他想跟鄰居安娜借。路上，菲爾想起了這樣一件事。

「去年春天，我向安娜借園藝剪刀，她說剪刀要磨，不能用了。但是僅僅隔了一天時間，我就看見她在用那把剪刀。一月份，我向她借用鏟雪機時，她也是這樣打發我。」

所以，我們沒有必要找這種鄰居借東西。菲爾走到安娜的家，敲了敲門。開門後，菲爾故作大聲嚷著：「安娜，我本來想跟妳借除草機的，但妳還是留著妳那破玩意吧。你就是求我把除草機拿走，我也不要了。」

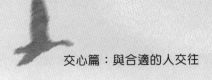

其實在現實生活中，很多人也做過類似的傻事。

與人相處得好的特質，不是與生俱來的。從現在做起也不晚。缺少和別人的和諧關係，就算有了智慧、財富和知識也毫無意義。

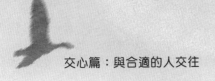

8. 擁有良好的人際親和力

「親和力」在心理學上的解釋意思為：「在人與人相處時，所表現的親近行為的程度和能力。」

一個人的性格往往決定他的親和力的高低。有的人天生不愛笑，有的人從小不愛親近人，有的人天性愛熱鬧，也有的人具有豐富的幽默細胞等等。但此外，親和力又與「親和動機」密切相關，親和動機強，其親和力就高。例如迫切需要得到他人的友誼，得到他人的支持合作時。而親和動機弱，親和力必然很低。例如一些人常無視他人的存在，總是把自己個人的利益或感受放在最重要的位子。

從本質上來說，親和力是一種愛的情感，唯有發自肺腑地愛別人，才能真正地親近對方，關心對方，才能獲得對方的認同、信任和喜歡。只有擁有寬廣的胸懷，才會擁有較高的親和力。擁有良好的人際溝通能力與親和力是所有人的夢想，因為良好的人際親和力能夠為我們帶來很多好處：它既可以讓我們獲得更多的友情，感受到人與人之間的關愛與溫暖，又能為我們帶來更多的人際資源，讓我們獲得意想不到的良機，讓我們受益無窮。

每個人都必須具備良好的人際親和力，因為生活在這個世界上，我們每天都要與人打交道，無論你是一名銷售人員，還是一名行政管理人員，或者是一名科學研究工作者，良好的人際溝通能力是助你事業取得成功的橋樑。工作中，一個具有良好人際親和能力的人會受到很多人喜歡，也容易得到同事的認可、鼓勵和支持。那麼，怎麼做才能具備良好的人際親和力呢？

首先，應該有深刻的自我認識。

常言說：人貴有自知之明。一個人只有深入地瞭解自我，才能瞭解他人。因此，深刻認識自己是真正地具備良好人際親和力的基石。在成長過程中，每個人都會有一些創傷或問題，可能會經常感到自卑，或者自傲，或者以自我為中心，或者曾經遭受過各式各樣心靈上的創傷。這些問題，多多少少都會影響到我們成年以後良好人際親和能力的養成。

其次，要不斷地與人交流，進行人際交流實踐，加強自我在實際與人交往中的體驗和感受。

對自己深入瞭解之後，就需要經常進行人際交流的實踐，這是加強人際親和力的重要過程。在人際交流的實踐中，把別人當作一面鏡子，可以折射出自己的一面，透過別人，可以看到心靈中的自己尚未發現的另一面。透過與他人交流和實踐的過程，可以使自己的能力不斷強化，並能隨時獲得改善。有些人在青少年時期，也許很少與人交往，因此缺乏了實踐交流的機會，但當他們成年以後，由於生活所迫，不得不和人打交道，如推銷等專門與人面對面打交道的職業等，漸漸地，他們與人交往的能力，在實踐中便會逐漸地增強。因此，實際的交往是增強人際親和力的必經之路。

另外，更進一步來說，還要加強人際包容力，加強對他人的理解力，擴大自我意識。

每個人成長的環境都是不一樣的，其所生長的家庭環境和社會環境往往會給其自我意識印下比較深的烙印，從而影響其對人對事的看法。當我們以自己的世界觀、人生觀和價值觀為標準去評價他人的時候，就會無法深入理解他人的內心感受。因此，我們要在深入瞭解自己的基礎上，在人際交往的實踐中，不斷地放下自己固有的價值觀，耐心地傾聽來自他人內心深處的聲音，這樣，我們才會看到一個個與自己內心不同的、全新的心靈世界。當一個人對他人的理解能力增強之後，能夠深入地理解他人時，他的人際親和力自然就會得到相對應的增強。

最後，還需要注意的一點是，要防止煩躁情緒的干擾和破壞。在高度壓力之下，人們很容易出現焦慮的情緒。而且，當一個人的內在情感需求得不到滿足時，就很容易從潛意識中浮現出來，從而變得煩躁不安。也許心情煩燥的人都知道人際交往親和能力的原則，但煩躁的時候，生理上就會阻止他人際親和力的發揮，他們就會不由自主地發脾氣，會因為一點雞毛蒜皮的小事而生氣，進而給自己人際關係增添許多麻煩，造成自己人際親和力的損失。

要避免這種現象的產生，就要讓自己工作和生活兼顧，做到一張一弛，擁有一份好心情，這樣，才能擁有良好的人際親和力。

9. 對下屬一視同仁

對於領導者而言，如果要贏得威信，就不能高高在上，必須要和下屬和睦相處，尊重下屬，以取得相互的瞭解與信任。通常一位成功的管理者所發揮的管理功能來自於個人的影響力和人格的魅力！

有一家公司接到了客戶贈送的三張旅遊券，不過公司有四個人，問題就在這時出現了。公司經理自己拿了一張券，剩下的兩張發下去。所以當然會有一個人沒有得到券，他倍感打擊，對經理也就產生了憎恨。在留守上班的日子裡，他故意把幾筆生意給推掉。

我們暫且不去談論這位員工做法對不對，而是那位經理犯了錯誤，他應該去補一張券，或者對留下的員工進行解釋，或者自己不去旅遊，讓所有員工都優先享受到「好處」。

對於大小主管來說，要放下架子，不要以「領導者」自居，與下屬相處要以平等、友好、坦誠、直率的態度。不要心口不一，也不要表裡不一。要關心下屬，經常瞭解下屬的思想情緒、生活情況、工作中的困難，竭力幫助下屬排除思想上的煩惱，解決生活、工作中的困難。

對下屬一視同仁，首先要互相尊重。在處理問題時，不能對人不對事，有親有疏。像上面講的那位經理，他可以用很多恰到好處的辦法處理那件事情，不過他認為自己是經理，有權分配利益，所以並沒有那麼做。

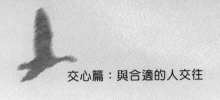

要尊重下屬，愛護他們的積極性、創造性。要善於寬容、諒解下屬，如果下屬在態度、言行上對上司有所小冒犯，也不必掛在心上，要主動表示諒解，解除對方心理壓力和緊張情緒。

對下屬堅持用人唯賢的原則，應該一視同仁。但毋庸置疑，有時也不免有個人情感成份的存在。有的人怕太接近上司會被認為是拍馬屁，所以就對上司退避三舍，敬而遠之。有的人則對上司亦步亦趨，馬首是瞻。奉承話好聽，誰都喜歡，會拍馬屁的人可能也一時比較討人喜歡，可是時間一長，便會令人心生厭煩。如果奉承過了頭，上司會想，你是把我當阿斗啊！但也有的人以仗義執言標榜自已的剛正不阿，以「諫臣」自居。這樣的下屬，上司也是不太好接受的。「忠言逆耳」這句話人人都懂，可如果能做到既是忠言，又不逆耳，那不是更好嗎？

對下屬一視同仁，公平合理，是上司處理與下屬關係的一條重要原則，當然，也是贏得下屬信任的最重要原則。如果你的員工發現你能公平、公正地對待他，他會心情舒暢，工作起來也會鬥志高昂，非常賣命。

反之，如果發現你總是偏心。可想而知，被你偏袒的一方將會獲得好處，而沒被偏袒的另一方就會怨聲載道，當然，旁觀的第三者，也會站在這一方，因為他們並沒有得到好處。這樣，你便會眾叛親離，而你偏袒的一方，就會因此與其他人「格格不入」，甚至遭到排擠。

這樣，一個好好的工作團體就四分五裂了。我們知道，團體功能大於

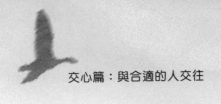

局部功能之和。團體分裂，則「元氣大傷」。在競爭如此激烈的社會中，你手下團體的「窩裡反」必將對你不利。

作為一個上司，你的下屬由於你的不公而不團結，這真是你的悲哀。作為下屬們的領導者，你應該在中間起到調和作用，促進他們之間的團結。為此你最好實行「等距外交」。

所謂「等距外交」，指的就是上面提到的幾點，要求你不能與一部分人或是個別的人保持過分親密的關係，而過分疏遠另一部分的人。在工作問題上，應該是一律公平，工作中一樣支持，一樣看待。不要戴著「有色眼鏡」看人，不能因人而異。

堅持客觀公正的態度，不為流言蜚語所禁錮，不要總讓主觀的想法主導你的言行。如果你的行為帶有明顯的主觀色彩的話，那就很容易失去公平。公平本身帶有客觀色彩，而主觀與公平很顯然是風馬牛不相及，南轅北轍的。

10. 忠於上司，和諧相處

常言道：「伴君如伴虎」。與上司相處，你得進退有度，巧妙應對上司對你的「安排」。但在上司面前，你也不必矮人一截。和上司恰到好處地交流，要是考慮「天時、地利、人和」，這樣就會旗開得勝。

正所謂「天時」，就是你要把握好時機，別挑上司正在氣頭上時找他談事情；「地利」是要注意場合，若是不適宜在公開場合談論的事情，最好找機會與上司私下協商；「人和」就是你要不卑不亢地與上司相處，讀懂上司的心，遇到事情要隨機應變，主動與上司迎合，學會打「太極拳」。

可是，我們提倡「不卑不亢」，不是要求你與之抗衡，或是當眾令上司下不了臺，來挑戰上司的權威。例如，當老闆動怒時，你的解釋往往會使老闆怒氣更盛，這時，你若套用《孫子兵法》中「三十六計，走為上策」這一招，絕對管用，因為你惹不起上司，但你躲得起，所以溜之大吉是上上策。正所謂「高處不勝寒」，身居高位的上司有時也有難處，也有不為人知的辛酸，你若站在老闆的角度去設身處地為他著想，你一定能找到和他融洽相處的切入點。

上司在做決策時，往往是經過慎重考慮的，因此當他做出決策後，很需要旁人，特別是下屬的認可和尊重。

作為一個下屬，若希望獲得上司的欣賞，學會尊重上司的決定絕對是第一要訣。不管你職位多高，你都不能忘記一點：你的工作不是制定決策而是協助上司完成經營決策。因此，對於上司的決定，即使你不贊同，甚至與你的意見完全相悖，你也要低頭順從。

大部分上司都希望自己的下屬充滿活力與衝勁，而不會希望下屬死氣沉沉，成為機器人。執行上司的決策，並不是說你是一個毫無主見的下屬，也不是說你將失去工作中的活力。但是你應該知道，表現在工作上的活力與衝勁，一定要符合上司的理想與要求。不然的話上司會認為你不夠成熟，做事不用腦袋，自然就不敢把重要的工作交給你。

下面這個例子中的下屬就做了一件吃力不討好的事情。

王經理一放下電話就「糟了！糟了！」的叫了起來：「那家便宜的東西，根本不合規格，還是原來林老闆的好。」接著，王經理狠狠捶了一下桌子：「可是，我怎麼那麼糊塗，竟然寫信把他臭罵一頓，還罵他是騙子，這下麻煩了！」

秘書張小姐轉身站起來，不慌不忙地說：「是啊！那時候我不是說嗎？要您先冷靜，冷靜以後再寫信，可是您就是不聽啊！」

「都怪我在氣頭上，想這小子過去肯定騙了我，要不然別人怎麼那樣便宜。」王經理來回踱著步子，指了指電話：「把電話告訴我，我親自打過去道歉！」

秘書一笑，走到王經理桌前：「不用了！告訴您，那封信我根本沒寄。」

「沒寄？」

張小姐笑吟吟地說：「對！」

「嗯……」王經理坐了下來，如釋重負，停了半晌，又突然抬頭：「但是我當時不是叫妳立刻寄出嗎？」

張小姐轉過身，歪著頭笑笑說：「是啊！可是我猜到您會後悔，因此壓下了。」

「壓了三個禮拜？」

「對！您沒想到吧？」

王經理低下頭去，翻記事本：「我是沒想到。但是，我叫妳寄，妳怎麼能壓？那麼最近發往美國的那幾封信，妳也壓了？」

張小姐臉上的光彩更亮麗了：「我沒壓！我知道什麼該發，什麼不該發……」

「妳做主，還是我做主？」沒想到王經理居然霍地站起來，沉聲問。

張小姐呆住了，眼眶一下濕了，兩行淚水滾落，顫抖著：「我，我做錯了嗎？」

王經理斬釘截鐵地說：「妳做錯了！」

張小姐被記了一個小過，是偷偷記的，公司裡沒人知道。但是好心沒好報，一肚子委屈的張小姐，再也不願意伺候這位「是非不分」的王經理了。

她跑去孫經理的辦公室訴苦，期望調到孫經理的部門。「不急！不急！」孫經理笑笑，「我會處理。」隔兩天，果然做了處理，張小姐一大早就接到一份解雇通知。

讀完了上面的故事，你會不會認為這是個「不是人」的公司？王經理不是人，孫經理也不是人，明明張秘書救了公司，他們居然非但不感謝，還恩將仇報，對不對？如果你說「對」，那麼你就錯了！

正如王經理說的：「你做主，還是我做主？」

如果一個秘書，能不聽命令，自作主張地把經理要她立刻寄出的信，壓下三個禮拜不發，那「她」豈不成了經理？如果有這樣的「黑箱作業」，以後交代她做事，誰能放心？

再進一步說，自己部門的事，跑去跟別的部門經理抱怨，對這工作的忠誠度又在哪裡？

若孫經理收了她，豈不就是跟王經理「槓上」？而且哪位經理不會想：「今天她背著經理，來向我告狀，改天她會不會倒戈，又跟別人告我一狀？」

因此張小姐不但錯，而且錯大了，她非但錯在不懂人情，更錯在不懂工作倫理。上司畢竟還是你的上司，也畢竟還是他做主。出了錯，他最先承擔。有面子，也該由他來賣。此外，你必須知道，上司永遠是向著上司，就算在工作上對立，在立場上也一致。

一個不忠於自己上司的職員，不容易得到別的上司欣賞。當你賣面子，表示自己有辦法，偷偷把自己公司的消息，告訴別人，即使他得了好處，也不會尊重你，只可能竊笑說：「這人最沒城府，以後找他下手。」

一辦公室相當於一個團體，作為上司，一定有其管理原則，有他的經營目的。下屬的責任，就是要在這一管理原則下，讓自己的工作做得更好，這樣才能協助上司完成經營目標。

若每個人都認為聽從上司的話，順著上司的意思去工作，就是逢迎、拍馬屁，而只按自己的想法去做，那麼這個辦公室會變成什麼樣子？沒有制度的約束，沒有統一的經營觀念，做什麼事都隨心所欲，不用想也可以預測，過不了多久這間公司就會自然而然地垮掉。

作為一個下屬，一定要把這個問題搞清楚，這樣你才能跟上司和諧相處。

11. 打破和上司的僵局

日常工作中，我們每個人都會遇到上司，無論從哪個角度來說，「得罪」上司都不是件好事！因此，只要你還沒想調離或辭職，就不能讓事情陷入僵局！

一旦與上司陷入尷尬的關係，就要學會去打破，以免造成更大的麻煩。另外，與上司之間出現尷尬局面也不用過於緊張。談一談雙方都感興趣的話題，開一個恰到好處的玩笑等，都是打破僵局的好方法。下面有兩個故事：

(1)不因討厭上司而產生尷尬

王輔修是一個寫程式的工程師，他和上司經常出現尷尬的場面。但他們的尷尬並不是因為工作能力，而是因為他們的脾氣和性格。他不認同上司的某些決定，所以他常不知道該如何與上司相處。

有一次，上司和他聊天，上司說：「昨天和一個女人一起吃飯，吃得好好的，聊得好好的，最後該買單了，那女人一點買單的意思也沒有。我是一間公司的管理者，買單的錢我是有的，但是她最起碼的禮貌謙讓也應該要有啊！怎麼樣她也應該表示一下吧？」

王輔修聽後很不認同他的觀點，因為他是一個很大男人主義的人，如果他和女生一起吃飯，就一定會親自買單！因此，他對上司說：「既然您願意買單，人家不是成全了你嗎？」上司聽後，臉色很難看，他知道他們又陷入了尷尬之中。

因此，與個性不合的上司在一起聊天時，要盡可能避談個人私事。同時，不要和這樣的上司有頻繁的交往。

⑵巧妙避免將要出現的尷尬局面

林筱雲是一名業務：她為人真誠，從不說謊。但她的第一份工作竟是因為不會說謊而被迫離開的。

一天，她跟著上司一起去談一筆大生意。出發前，上司叮囑她說：「到了現場後，一定要看我的眼神行事，我若向下看，妳就說是，我若向上看，妳就說不是。」

她到現場才發現，原來上司帶她去談生意，只是要找一個見機行事的助手而已。因為在這麼多同行面前，很多時候在有些事情上是要說謊的。但是她當時並沒有認識到這一點，從開始到結束，輪到她說話的時候，她都感到非常尷尬，說了半天也不知道自己表達了什麼。

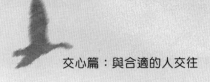

從那以後，上司就開始對她疏遠，背地裡跟其他同事說：「作為一名業務，連最基本的語言表達都不會，這樣怎麼能做好業務呢？」

於是林筱雲辭職了，她來到了新的公司。很快，她又遇到了相同的經歷，上司同樣要帶她參加一個會議。總結上次的經驗，她主動地向上司說：「我不會說謊，說謊的時候我會非常地不自然，如果會議上有需要我配合的地方，請老闆還是考慮其他的同事吧。」

上司拍拍她的肩膀笑了，他明白她的意思，而林筱雲也擺脫了和上司之間出現的尷尬場面。

專家認為：在現今職場中，為公司或上司利益而說謊的個案越來越多。假使上司真的暗示你必須為他或公司撒謊，你該怎麼辦？明智的做法是視情況而定，掌握分寸。如果情況非常嚴重，不妨主動出擊，為自己贏得一個掌握主控權的機會。你可以反問一句：「您是要我為您說謊嗎？」聰明的上司聽到這種反應一定會重新考慮合適的人選。這樣，就會打破雙方陷入尷尬局面的結局了。

專家提醒：一旦和上司之間的關係出現僵局，不要寄託於他人的幫助，也不要寄託於上司的諒解，而要主動出擊，挽回局面。

通常來說，無論什麼原因使你們的關係陷入僵局，你都會想著向上司解釋清楚。如果失誤在於自己，很多人都懂得向上司道歉；但是如果是上

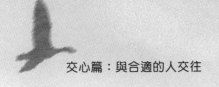

司失誤呢？

如果是上司的原因，在平時空閒時，以婉轉的方式，把自己的想法與對方溝通，你也可以說自己的一時衝動或是方式欠佳等原因，無傷大雅地請求上司要求寬宏，這樣既可達到相互溝通的目的，又可以為上司提供一個體面的臺階下，這樣有益於與上司之間恢復良好關係。

此外，利用一些輕鬆的場合向你的上司表示尊重和敬意。即使是開明的上司也很注重自己的權威，也希望得到下屬的尊重，所以一旦你與上司發生了衝突，最好忘掉不愉快，你不妨在一些比較輕鬆的場合，例如聯誼活動、餐會等，向上司問個好，敬個酒，表示你對對方的尊重，上司自會記在心裡，淡化和排除對你的敵意，也同時向上司展示了你的修養與風度。

修心篇

潛心的修養靈性

我們的身心是需要修養的，
需要淡泊明志，寧靜致遠，
陶冶自己的靈性，
追求自己內心想要的生活，
才能享受屬於自己的幸福，
不至於被社會淘汰，釀成苦果。

12. 追求美好的生活

我們每個人都在追求自己的美好生活，也許起點不一樣，也許機遇不一樣、也許遭遇不一樣、也許結果不一樣。但只要我們有一顆追求美好生活的心，就會有希望。然而，就很多人的生活來說，每天都如同一個活死人。要是你不信，那麼我們先來瞭解一下凱恩的一天是如何過的。

早上，凱恩晚起了半個小時，他不喜歡他的工作，上班之於他只是不得已才去的，所以他故意讓自己感到他比實際上擁有了更多的睡眠。

接著，凱恩先沖了個澡，倒了杯咖啡，坐下來看晨間新聞。

然後，凱恩開車擠上了交通阻塞的高速公路。同時聽著廣播，廣播的新聞比電視上的新聞要有趣，大部分都是地方上的新聞。播報員正在報導一宗謀殺案，兩起交通事故和一場無法控制的大火。接著是啤酒廣告，接著還繼續播報新聞：地方失業率持續上升，市長受賄……等等。

這時凱恩到達辦公大樓，所有的停車位都被人占了。

剛到辦公室一會兒，凱恩就挨了一頓批評，因為他的企畫案進度落後了。

沒多久，到了休息的時間。凱恩與他的老搭擋喝完咖啡，抽著菸聊了一會兒天。到了午餐時間。凱恩到街上吃了一份三明治，接著回到辦公室，打開一本小說。

下午休息時間的內容與早上差不多。只是他的同事又有了一些「新聞」。

總算到了五點了，一天裡凱恩總算第一次覺得快樂些了，這時他終於可以直接到酒吧裡去消遣了。接著，凱恩與莎莉一起吃晚飯：飯後玩個抽鬼牌，看今天誰最倒楣。結束時，兩人開始爭論如何消磨下個週末。

結束後，凱恩回到家裡，打開電視看新聞。新聞看完後，開始看連續劇。

終於，凱恩筋疲力盡地爬上床，想到了這一天唯一值得開心的事情是：感謝上帝，明天是小週末了，這個星期只剩下一天被人奴役的日子了。

誇張嗎？一點也不。這就是對於正常生活的描寫，也許因年代、年紀、社會地位、職業的不同略有不一樣，但就整體而言，對於當代生活的形容應該說是非常具體了。

此刻，請仔細閱讀下面文字：

追求真正美好生活的秘訣在於：克服所有阻礙你理想的消極影響。包括來自你的親人、朋友、工作夥伴或者其他人的壓力。充分理解它的價值，然後身體力行，你就掌握了打開財富、自由、安全與平靜心靈之門的鑰匙。

當然，有的人生活平淡無味，有的人生活豐富多彩，這不僅在於他們的追求，還在於他們對生活的感受。我們大部分的人都希望過著美好的生活，然而，美好的生活不是與生俱來的，它需要我們在人生當中去追求。我們不可能每天都按部就班地生活，我們需要有一顆積極向上的心去追求，畢竟，人不能一輩子停留在原地，我們需要讓自己過得越來越好，而最終目標就是過你想過的生活，這就是你努力追求的結果。要是你不去追求，只知道裹足不前，你就有可能一輩子都生活在繁蕪當中。

所以，大膽地去追求，你的生活才會多采多姿，才不會被一些生活瑣事所羈絆，你才能活得輕鬆自在，活出自己的本色而不落俗套。

13. 不過分炫耀自己的才能

古語說的好：「直木先伐，甘井先竭。」修理房屋，一般所用的木材，多半選擇挺直的樹木來砍伐；水井也是先湧出甘甜的井水先乾涸。有一些才華橫溢，鋒芒太露的人，雖然容易受到重用提拔，但是也容易遭人暗算。因此聰明的人從不輕易向別人炫耀自己的智慧和才能。

在上古時期有一種除了很會鼓動翅膀外，其他地方毫無出眾之處的鳥。別的鳥飛，牠也跟著飛；傍晚歸巢，牠也跟著歸巢。隊伍前進時牠也從不爭先，後退時也不讓落後。吃東西的時候不搶食、不脫隊，因此牠們很少會受到威脅。

從表現上來看，這種生存方式顯得有些保守，但是，只要你仔細想一想，這樣做也許是最可取的。不過分炫耀自己的才能，凡事預先留有一條退路，這樣的人才不會犯大錯誤。在高度競爭的現代社會裡，這種看似平庸但卻能按自己的生存方式生活是一種好的方式。

春秋時期，魯國的宰相公孫儀，他有一個愛好，就是非常喜歡吃魚。為此，國內的人爭著買魚來獻給他，可他一概不接受。他弟弟問他：「你既然喜歡吃魚，又為什麼不接受大家送來的魚呢？」公孫儀回答：「正因為我喜歡吃魚，所以才不接受別人送的魚。如果接受了別人的魚，必然要按別人的意願辦事，那就可能觸犯法律；觸犯法律後，就會被免去宰相；免去宰相，雖然喜歡吃魚但還會有誰給你送嗎？不因為接受魚而被免去宰相。這樣，雖然沒有接收人家送的魚，但卻可以長久地自己給自己買魚吃。」

在身居宰相高位時，公孫儀的頭腦也非常清醒。他能辯證地認為要想真正長遠地吃自己的魚，首先要不吃別人的魚。當然，世上有非常多人沒有公孫儀的這份智謀。在小利面前，他們往往貪心過剩，結果被別人牽住了鼻子。特別值得提醒的是，一些已取得一定地位與成就的人，由於他們有好的影響力，人們對他們一般都是有所求的。當然，一些居心叵測的人會投其所好，對他們曲意逢迎。如果貪圖小利，那麼就會成了別人的工具，這樣違法亂紀的事也就會在所難免，那最後的結果必然會喪失之前所得到的一切。

看似平庸，實際上是成功的基礎，那就是：不過分炫耀自己的才能。

14. 追求美和享受美

無論從事何種職業，我們都不應為了金錢去犧牲生命中最高貴、最美麗的東西，我們應該利用種種機會，使「美」充實於我們的生命。

追求完美的人，在他的個性或者人格特質中必定存在著某種美好的東西。美好的思想與美好的觀念，都會顯露在一個人的言行舉止當中。愛美的學者將會成為藝術家，使自己的家庭美滿而甜蜜。無論從事的是何種職業，愛美的習慣使人們不但能做個合格的工匠，還能做個出色的藝術家。

完美的生命總是被美的習慣所修飾著。不會享受美的人，在他的生命中就缺少了養成高貴人格的一大要素。美在任何人的生活中都佔有很重要的地位，譬如自然的風景、美麗的花卉，極易對人的性格發生影響。

美的東西往往能激發人們心靈深處的一種力量，所以美的東西能使人的頭腦更為清楚，使人的精力得以恢復和保持，並促進身體與精神的健康。

感受心靈的美是人生中的一種藥方，對於盲人來說，這讓他們得以活在光明中。可悲可嘆的是，我們許多四肢健全的健康人卻一直生活在黑暗裡——他們對身邊的美總是視若無睹！

有兩個盲人師徒靠說書和彈三弦琴度日，師父年齡大了，大概有七十歲；徒弟年紀還小，不到二十歲。老師父已經彈斷了九百九十九根琴弦，離一千根只差一根了。老師父的師父臨死的時候對老師父說：「我這裡有一張恢復視力的藥方，我將它封進你的琴槽中，當你彈斷第一千根琴弦的時候，你才可取出藥方。記住，你彈斷每一根琴弦時都必須是盡心盡力的。否則，靈丹妙藥也會失去效用。」那時，老師父才剛滿二十歲，可如今他已兩鬢斑白。這麼多年來，他心中一直存在著這麼個夢想，因為他深知那是一張可以治癒他的秘方。

終於，最後一根弦斷了，他馬上往藥房去。但是，當他滿懷虔誠，滿懷期待等著取草藥時，掌櫃的告訴他：那是一張白紙。他的腦袋嗡地響了一下，平靜下來以後，他明白了一切：他不是早就得到了那個藥方嗎？就是因為有這個藥方，他才有了生存的勇氣，使他認為人生美好並追求和享受下去。他努力地說書彈弦，受人尊敬，他學會了愛與被愛。

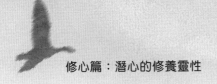

後來，回到家中，他語重心長地對徒弟說：「我這裡有一張恢復視力的藥方。我將它封入你的琴槽，當你彈斷第一千兩百根琴弦的時候，你才能打開它，記住，每一根琴弦都必須用心去彈，我的師父將這個數字錯記為一千根了……

小瞎子虔誠地允諾著，老瞎子心中暗想：也許他一生也彈不斷一千兩百根弦……

成功的動力在於希望，生命的精彩在於感受心靈的美，只有追求和享受美，在其過程中，才會感到人生的昇華。其實，人沒有必要去哀嘆自己的命運，像故事中的盲人去追求美，在無形當中，生活有了起色。要是他知道自己永遠不會恢復視力，所以就放棄對美好生活的嚮往和追求的話，那麼，他的人生將不會有意義，他有可能自怨自艾，而不會享受得到那本來不夠完美的美。

你要知道，美不是天上掉下來的，它需要你用心去追求，當然，你追求美的過程就是享受美的過程。也許，你並不比別人聰明，你也不比別人能言善道，但這都不意味著你比別人差。只要懷著一顆向上的心，認為你可以達到某一個出神入化的地步，你就會沉浸在歡樂和愉快當中。要知道，不會追求和享受美的人，他的生命當中就缺少了養成高貴人格的一大要素。

15. 適時裝傻為自己趨利避害

從字面意義上理解「裝傻」二字就是裝成傻子。而真正的含義並不是「癡呆、愚昧、傻里傻氣」，而只是在強調一個「裝」字。

「裝傻」是一門藝術，也是一種技巧。它不是要一個人時刻都在「作假」，要是這樣，這個人就真的會成為一個比傻子還「傻」的人了。它指的是在某種情況所需時，某人做出適時且適當的「裝傻」行為。當然，這種「裝傻」行為是有利的，可以避開那些對自己不必要的傷害。特別是對於剛畢業的學生而言，這一招其實是最關鍵的，是大智若愚的招式。

王家慧的家境優越，並且還是頂尖國立大學的畢業生。在她畢業以後，透過自己的努力與父母的推薦，進了一家全國數一數二的銷售公司工作。和她同時分配來的還有李月彤。李月彤是來自一個小城市的女孩，讀的是名不見經傳的學校，不管從學歷還是從長相、家境上比，李月彤都不及王家慧。可是，兩年之後，王家慧與李月彤所在辦公室有個副主任一職的空缺落在了李月彤手裡，而王家慧卻還是個平平於眾人矣的普通職員。原因何在？就是在於李月彤善於「裝傻」。

所謂的「裝傻」的第一步，就是聽從上司所有的吩咐，哪怕明顯的錯誤，也不要當面指正，要懂得裝傻。作為新進入單位的下屬，你在上司眼裡必定還沒有充分的地位，即使是你提出的意見是正確的，你的上司也不見得會放在心上，尤其是在你還沒有摸清上司脾氣時，貿然地表現你的聰明與過人之處更是愚蠢的行為。

在王家慧與李月彤進入公司的第二個月，主任就讓王家慧與李月彤統計公司的總銷售情況，他誨人不倦地告訴王家慧與李月彤怎樣去按照區域劃分，制定表格。接下來的一個星期中，王家慧用EXCEL做了出來。可李月彤卻三番五次地去向主任請教，最後按照主任的意思在WORD裡做了一個瑣碎而繁雜的表格。一周之後，當王家慧與李月彤將各自的表格交給主任時，主任對王家慧的表格很不滿意，還說王家慧太懶惰，沒有統計詳細的數據，即使王家慧費盡口舌和主任解釋了很久她在頂尖國立大學裡所學的統計法則，但主任還是堅持讓她按照李月彤的格式再重做一遍。主任給了王家慧一個再簡單不過的理由：「我看不懂妳做的是什麼！」

私底下，王家慧向李月彤訴苦，李月彤就說：「妳做得真的很好，可就好比買東西，你認為最好的商品消費者不一定會要。所以還是要耐心地慢慢地重做一遍吧！」

很多女孩子進入辦公室，都喜歡問東問西，比如上司的背景與資歷，辦公室的人際關係等。作為新進員工，女孩們尤其喜歡表現自己的過人之處，就像一件本來和自己不相關的事情，非得要用自己知道的那一點皮毛來表達一下自己的觀點。女孩們還喜歡比較收入與福利，就怕有什麼利益自己得不到。這些都是辦公室裡奪取寵愛桂冠的禁忌。要真正成為上司信任的得力下屬，就要懂得「裝」，裝作什麼都不知道，什麼都不在乎，什麼都不計較，什麼都不懂。

古人多有「淡泊名利」之心，特別是「大隱隱於市，小隱隱於野」之類的事。隱於「市」的那些有才有德的人，就以「裝傻」來對付皇室朝廷。達到自己不甘做朝廷的「奴才」或是「幫兇」的目的，更不甘心讓朝廷以妒才之念的理由而被陷害誅殺。皇室勢力之大，無所不在。常言道：「越危險的地方越安全」，所以，大凡真正的隱士，常常隱於鬧市街區，用外露的「傻」，來隱其身，從而避其禍，勵其志。

在宰相劉羅鍋的一次提醒下，乾隆作了一副對聯：「一片二片三四片，飛入草叢都不見。」

那時，在大臣們的鼓掌聲及討好奉承下，乾隆將此詩據為己有。劉羅鍋素有「鐵膽鐵嘴」之稱，他立即想開口說此詩是他所作（據說，此對聯早在他的某篇文章裡出現過），可他才剛說出：「實則，此句為臣下……」的時候，就讓乾隆怒目而視，大有殺人之意。

劉羅鍋是官場上的鬼才，於是立即換顏相對：「臣下也有所感，皇上以數字入聯，其詞其景，都是無可挑剔。」此時，乾隆才龍顏大悅。

事實上，劉羅鍋鋒芒太露，處處與人為難，常常連皇帝也不放過。所謂「樹大招風」即是如此，所以，上至皇親國戚，下至七品芝麻綠豆官，對劉羅鍋懷有嫉恨之心的人大有人在，隨時都有人想找機會抓住他的小辮子，握住他的把柄，想扳倒他。而劉羅鍋善於為官之道，常常能用「裝傻」、「表現出軟弱，其實內心早有應對方法」等方式，化解別人加害他的行動。他所使用的化解劫難次數最多的妙招，就是「裝傻」之舉。這是他相傳已久的經典，有的還被編為故事，流傳於民間。可見「裝傻」也是一種「生存」的法則，裝傻可以在適當時候，讓自己化解危險。

鄭板橋的「難得糊塗」，正可謂是至理名言。這是出自奔波於官場之人的肺腑之言，這句話歷來被推崇為高明的處世道理。只有你懂得裝傻，

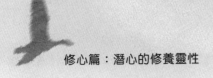

裝傻的技巧夠好、夠高，才能取勝。那麼，你就不是傻子，而是大智若愚。做人切忌恃才自傲，得理不饒人。鋒芒太露容易遭到嫉恨，更容易樹敵。功高震主就給很多下屬臣子招致殺身之禍。適時「裝傻」就是和上司交往時最關鍵也最為高超的技巧：將自己的高明之處隱藏起來，對於對方出錯的地方更不可當面加以糾正。人際交往中，裝傻能夠巧妙地為人打圓場和找臺階；能夠故作不知達成幽默，反唇相譏；能夠藉由裝傻迷惑對手。誰不知其中真相誰就會被愚弄；誰不領會大智若愚意義的人，誰就是最終的傻瓜、笨蛋和愚蠢者。

所以，在為人處世時，有時候不可讓自己表現的過於精明，讓自己適時的糊塗一下是好事，太過於聰明反而不好。有時，讓自己做到睜一隻眼，閉一隻眼是為人處事的好方法。

裝傻的另一種表現方式是「裝糊塗」。「糊塗」是假的，是在「裝傻」，是在尋求一種心的外在修煉。

「裝傻」，可以給人或給自己找臺階下，既能挽回自己的面子，也不讓別人感到尷尬。但是，錯把「不當場合」誤以為是「適當時間的裝傻」，反而會引起反效果。

在會議中，假設老闆徵求下屬的意見，你為了不表現自己而從不與別人相爭，即便胸中已有「成竹」，但還信守「沉默是金」的原則，依然在表現自己的風度，在老闆主管的眼中看來，你就是對討論的議題沒有獨立的看法，更沒有勇氣站起來發言，就像沒什麼有效建議可提，只不過是一個平庸的下屬，如此一來就不利於你未來的發展！

所以，在這種場合就不可「裝傻」，要有條有理地把自己肚子裡的主張觀點全部提出來，以理服人。如此，不但別的同事會佩服你，更會引起上司對你的重視，而不會是像你一直想的那樣：和人「爭鬥」，有失風度，還遭人嫉妒。

由此可知，「裝傻」是一種充滿深度，並且具有技巧性的為人處世藝術。

在生活中，為人處事，要學會適時地使用「裝傻」的手段來為自己趨利避害，阻擋很多無意或者是有意的災難。如此，就要從細微之處來培養自我的洞察力和辨別能力。

只有當自己在為人處事方面，站在一定高度的時候，才會從全局上把握機會，在發展裡尋找突破的點。

無論是在現代，還是在遙遠的古代，以裝瘋賣傻，來達到自己目標的人比比皆是。這也說明了，人生中該糊塗的時候，就要懂得「睜一隻眼，閉一隻眼」的裝傻方法。不可以每時每刻，都顯現出十分精明的樣子。但是，不能讓自己真的傻，而是要表面上「裝傻」，做到心裡「清楚」。這不但有助於你在社會中如魚得水的生存，更會為你解決很多不必要的麻煩。

16. 居高思危，當退則退

在科學技術日新月異的今天，有很多人往往被事物的外在表象所迷惑，固守高位而不願意退居，這樣就會導致不計後果、掩耳盜鈴的局面。以至於最後惹禍上身，退無可退。

有些當官的人已到暮年，本該退居二線，卻死抱住官位不放，不願意面對退休後的寂寞。

王部長今年已經六十歲了，可是他為了保住部長的位子，硬要說自己今年五十八歲。人事單位派人來登記年齡，他大費周章地找來一些證明，並讓下屬為其作證，證明他確實五十八歲。為了保住官位，他每天絞盡腦汁，生活得非常累。

他常常看望之前退休的一位老上司，兩人關係非常好。

有一次，王部長又去看望這位退休的老上司。他過去時，老上司正好在自家院子裡修剪花枝。老上司一看是他來了，忙著停下手邊的工作，與他聊起來。兩人談著談著，就到了居官為職的話題上。老上司說：「小王啊，今年該退了吧？」

王部長也感歎：「唉，可不是嘛，本來今年六十是該退的。不過，我這心裡……」

老上司說：「這是規律，可不是你我違反得了的啊。」

王部長又說：「實話跟您說吧，我向上頭報了個五十八歲，還想再做兩年。」

老上司聽了，馬上嚴肅地說：「小王，你這麼做，我可不贊成！人老了，就該退下來，該讓賢的時候就要讓賢。我們歲數大了，精力有限啊。這工作辛苦的很，再多做兩年，身體吃不消的。」

王部長笑呵呵地說：「您別擔心，我覺得自己還不老，而且，精力也還說得過去。」

老上司聽了他的話，無奈地搖了搖頭，心裡暗想：意志力倒是挺夠，可精力已經明顯不行了。但他也沒再說什麼，這樣的人再勸也是沒用的。於是老上司話鋒一轉，說道：「小王呀，你看我這房子怎麼樣，有花有魚，累了，喝喝茶看看報紙，出去轉轉，非常愜意啊。」

王部長說：「是啊，我真羨慕您，但我不行，還有工作啊。」說完，便無奈地歎了口長氣。

老上司說：「要是你想……」

王部長一聽老上司又要勸他退休，馬上打斷說：「哎，您就不要再說了，我決定了的事就一定會做下去。」

這麼多年以來，這是他們首次意見不合。隨即兩人都感到非常尷尬，氣氛一時有點僵。沉默地坐了一會，王部長再也忍不住，就起身告辭了。

他邊走邊想：老人家這是怎麼了？不但不支持我工作，還處處反對我，唉，真是……

從這以後，王部長就更加勤奮了，他知道只有拚命工作，才能證明自己還行，也好堵住一些人的嘴。但回到家時，他總是累得倒頭就睡。

這樣過了幾個月，王部長明顯地感到氣虧力乏，而且常常地頭暈。老伴見他頭暈得厲害，就勸他去醫院看看。幾次三番地勸說。最後，王部長終於妥協，心裡想：看看也好，要不以後也影響工作。

到了醫院一檢查才知道，王部長是因為過度勞累，造成體力嚴重透支，而且有明顯腦血管硬化的傾向。結果一出來，王部長非常吃驚。醫生告訴他，千萬不可過度疲勞，要不然後果就嚴重了。

從醫院回來，王部長陷入了沉思。

次日，他破天荒地頭一次向公司請假，把自己關在家裡悶了一整天。老伴見情況不對，趕緊給跟他要好的老上司打了個電話。老上司接到了電話，馬上趕了過來。

老上司和王部長的老伴一直敲門，見不開門，又站在門外上輪番勸說。過了一個鐘頭，王部長終於打開門。見到老伴，傻呵呵地笑了起來。

他一見老上司，趕忙走上前，握住他的手說：「老人家，我已經想通了，該退就退，再不退，我這把老骨頭肯定是要散的。」

作出了決定，王部長頓時覺得一身輕鬆。退休之後，他和老伴的生活更加豐富多彩了。閒暇之餘，養養花，曬曬太陽，兩個人逛逛街，和退休的老上司一起釣釣魚，生活非常愜意。

其實，有些人工作了一輩子，只是不習慣退休下來後的清閒，認為退休了以後，就會無所事事，日子清淡難熬。但是，除了工作，生活中還有許多事情可以做。比如種種花草、養養魚、下下象棋、聊聊天，好好享受天倫之樂等等，這些都是工作忙碌時所不能實現的。

當退則退，絕對是明智之舉。居高思危、當退則退也是哲人推崇的處世之道。它需要你認清時勢，不可為了逞一時之強，單憑一腔熱血，肆意蠻幹。對於那些為官者，應當正確評價自己的能力，根據實際情況，當進則進，該退則退，千萬不可違背客觀規律，追求一些遙不可及的東西，白白地浪費時間與精力，更何況，到頭來很有可能是一場空。這些都是我們應時時謹記的。

17. 時刻保有慎獨之心

人們以慎獨作為道德修養的重要方法之一，已經沿用了千百年。它要求我們在無人監督的情況下，實行自我監督，做符合道德的事，遵守道德原則，自覺地按照道德規範去實施。

自古以來，很多傑出人物在慎獨方面做到了相當高的精神境界，像是諸葛亮、楊震、范仲淹等，都呈現了高尚的情操和崇高的品德，成為後人學習的楷模。

《後漢書・楊震傳》記載道，楊震在荊州做刺史時，薦舉了王密為昌邑縣令。後來楊震調任為東萊太守，路過昌邑時，王密為了報答，深夜造訪，送了二十斤金子。楊震說：「我明白你的意思，你不明白我的意思，為什麼呢？」王密以為楊震怕人知道才不肯收，於是又勸說：「深夜裡不會有人知道的。」楊震十分嚴肅地說：「天知、地知、你知、我知，怎麼沒人知道呢？」王密十分慚愧，帶著金子就回去了。楊震的後代為緬懷他的清正德操，在他曾經居過的地方取名為「四知堂」。

自我修養的道德境界之一是慎獨。當然，楊震不接受金子是他節操清高，也有可能是防止王密有進一步的不軌企圖。而「不畏人知畏己知」的故事，也表現了故事主角嚴於律己的慎獨境界。故事的內容大致是這樣：

清雍正年間，有個人叫葉存仁，先後在淮陽、安徽、浙江、河南等地做官，歷時四十年，毫不苟取。有一次，在他離任的時候，僚屬們派船送行，然而船隻久久不啟程。直到明月高掛才劃來一只小舟。原來是僚屬為他送來了臨別時的饋贈，為避人耳目，特地夜深送來。他們認為葉存仁平時不收禮物，是為了減少麻煩，而此時夜深人靜，四周無人，一定會收下。葉存仁看到這番情景，便叫傭人備好文房四寶，即興寫了一首詩，云：「月白清風夜半時，扁舟相送故遲遲。感君情重還君贈，不畏人知畏

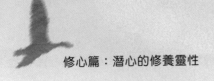

己知。」然後，將禮物「完璧歸趙」了。

一般說來，在大庭廣眾的群眾監督之下，人們很注意自己的修養。但在「無人之處」則容易放鬆對自己的要求，以至於會做出一些不道德的事情。他們只「畏人知」，而不「畏己知」，由此一到「獨」的時候就不「慎」起來。連一些頗有建樹的人士，都因為不能慎獨而給人生留下了污點。就像，管仲任齊相後，勵精圖治，採取了許多有效的改革措施，使齊國迅速地富強起來。可他在與鮑叔牙做生意時，在貪財邪念的驅使下，犯了多拿盈利的罪過。而平定了呂氏之亂的劉邦的重臣陳平，為漢王朝立下殊功，可是他卻有過「盜嫂受金」的錯誤。所以慎獨標誌著一個人道德修養的崇高境界。

慎獨的重點，是具有高度的自覺性。「苟知其理之當然，而責其身以必然」，意思說，要是知道應該怎麼去做，自己就必須做到。這就需要不懈地錘煉自己的道德意志，時時刻刻用道德規範約束自己的言行。

時代大潮，熙攘人群，泥沙俱下，龍蛇混雜。有些人為了牟取個人或團體的私利，常常以名利欲、物欲、色欲等為誘餌，誘人歧途。隨著社會經濟的發展，我們社交的範圍越來越廣，社交活動也越來越多，多種向道德防線衝擊或進攻的事也時常發生。然而，邪者總要避人耳目行事，我們要想一身正氣走四方，就要時刻常存慎獨之心，保持道德的純潔性，自尊自強，嚴於自律。

18. 不錯過最重要的東西

我們每天都會錯過一些東西，錯過的時候沒有發現，事後才發現自己錯過了重要的東西，因而追悔莫及！還記得有人說：人啊，最好不要錯過兩種東西，最後一班回家的車和一個深愛你的人！

最後一班回家的車，意思是你出去闖蕩，家是你永遠的後盾，只要你發奮努力，家裡的大門永遠向你敞開！一個深愛你的人，意思是與其愛一個人愛得痛苦，倒不如去選擇被愛，但人就是這樣，誰都想去追求完美的愛情，當最深愛你的人出現的時候，你發現他（她）不是你愛的那個，於是就不怎麼在乎他（她）在你心裡的地位，等自己被傷得遍體鱗傷了，想找個港灣歇息時，他（她）卻已經不在你身邊。

有這麼一則故事：

張吉傑是一家銷售公司的業務員，長年累月地在外奔波，以至於很難與妻子兒女團聚。到了春節前夕，張吉傑準備回家，在車站，看到忙忙碌碌準備回家過年的人們，張吉傑忽然感覺到他似乎錯過了什麼。

聽著噪雜的聲音，看著擁擠的人群，雖然大家的年齡身份不同，但此時有著同樣要回家的人，因為是最後一班車，但就算一路站著，也很滿足、很欣慰。人們似乎忘掉了一年的忙碌與奔波，回家對他們來說總有一種愜意感。他們高談著，欣喜的表情溢於言表。

回到家後，看到妻子溫柔的眼神、孩子可愛的目光，張吉傑才忽然感覺到，原來以前的奔波，只不過為了最後有個停留的港灣，而家就是他的歸宿，要是延遲了回家的時間，那種突如其來的思念，絕對會猛烈地讓人無法承受。

還有一則故事：

一個男孩多年一直深深地愛戀著一個女孩，但是他卻不敢向那個女孩坦承心裡的感受，女孩對那個男孩其實也有感覺，卻也是始終難開玉口。兩人退縮著，試探著，疏遠著，親近著。但不要嘲笑他們的怯懦，也許初戀的人開始都是如此畏懼失敗吧！

一天晚上，男孩在自己精心製作的卡片上抒寫了自己多年的心裡話，但思前想後，他就是不敢把卡片親手交給女孩。他握著這張卡片，愁悶至極，於是喝了幾杯酒，之後他竟然微微壯起了膽子，決定去找女孩。

一看見男孩，女孩便聞到撲鼻的酒氣。男孩雖然不像非常醉的樣子，但是微醺著一張紅臉，女孩心中便有了一絲隱隱的不快。

「你這時間來有什麼事嗎？」

「來看看妳。」

「有什麼好看的！」女孩沒好氣地請男孩進屋。

卡片在口袋裡揣摸了許久，男孩還是不敢拿出來。面對女孩嬌嗔的臉，他的心充溢不安與甜美，他們一直彼此沉默著。也許是因為情緒的緣故，女孩的話極少。不知不覺，桌上的小鐘錶指向了十一點。

這時，女孩伸伸腰，看著桌上的書本，一本正經地說：「我累了。」她的不經意的神態流露出逐客的意思。

男孩靈光一現，假裝百無聊賴地翻著一本大字典，然後把字典合上，放到了一邊。過了一會兒，男孩在紙上寫下一個「罂」字，他問女孩：「哎，妳說這個字念什麼？」

「一ㄥ！」女孩奇怪地看著他，「怎麼了？」

「是讀一ㄠˊ吧。」男孩說。

「讀一ㄥ。」

「我記得是一ㄠˊ。我打從認識這個字起就一直這麼讀它。」

「你一定錯了。」女孩冷淡地說。他真是醉了，女孩想。

男孩有點不知所措了。過了片刻，他通紅著臉說：「我想一定是念一ㄠˊ。不信，我們可以查查，呃，查查字典。」此時，他的話語竟然有些結結巴巴了。

「沒必要，明天再說吧。你現在可以回去休息了。」女孩站起來，對男孩說。

男孩依然沒有離開的意思，他怔怔地看著女孩。「查查字典好嗎？」他輕聲說，口氣中含著一絲央求的語氣。

女孩雖然心中一動。但轉念又想：他真是醉了。於是，她柔聲哄勸道：「是念ㄧㄠˊ，不用查字典，你是對的。趕緊回家休息吧，好嗎？」

「我，我不對，我不對！」男孩著急得幾乎要流下淚來，「我求求妳，查查字典，好嗎？」女孩看著他胡鬧的樣子，心想：他真是醉得不可收拾。她繃起了小臉：「你再不走我就生氣了，以後再也不會理你！」

「好，我走，我走。」男孩急忙站起來，向門外走去，「我走後，妳查查字典，好嗎？」

「好的。」女孩答應道，她簡直哭笑不得。

男孩走了，女孩關燈睡了。但就在女孩即將睡著的時候，聽見有人在輕輕地，有節奏地叩擊著她的窗戶「誰？」女孩在黑暗中坐起身。

「妳查字典了嗎？」窗外是男孩的聲音。

「神經病！」女孩喃喃罵道，而後她便不說話了。

「妳查字典了嗎？」男孩又問。

「你走吧，你怎麼這麼倔啊！」

「妳查字典了嗎？」男孩依舊不肯放棄。

「我查了！」女孩高聲說，「你當然錯了，從開始你就是錯的！」

「妳沒騙我嗎？」

「沒有。鬼才騙你呢。」

「保重。」這是男孩對女孩說的最後一句話。

當男孩的腳步聲漸漸消逝之後，女孩仍舊裹被坐著。她睡不著。她忽然想起男孩這句話「妳查字典了嗎？」，於是她便打開燈，翻開字典。發現在「罌」字的那一頁，夾著那張可愛的卡片。上面是再熟悉不過的字體：「我願意用整個生命去愛妳，妳答應嗎？」她什麼都明白了。

「明天我就去找他。」她想。那一夜，她久久難以入眠。

第二天，她一早就去找男孩，但是男孩躺在太平間裡，他死了。他以為她拒絕了他，離開女孩後又喝了很多酒。結果真的喝醉了，不小心遇上車禍而喪生。女孩悲痛欲絕，卻也為時已晚。

讀了上面的兩則故事，你有什麼感覺呢？你要記住，人生中不要錯過最後一班回家的車、不應辜負一生最愛你的人。

家是我們拚搏後休憩的港灣，彼此間的依靠會給相愛的人撐起一片少有委屈的天空。我們千萬不應辜負世界上最愛你的人，更要祈求上天不能讓愛成為自己心中永遠的痛。

人生中有一些極美極珍貴的東西，如果不好好留心和把握，便會與之失之交臂，甚至一生難得再遇。所以，不要在不經意間錯過可能是你一生最重要的東西，好好關心留意一下自己身邊的人事物吧！

19. 貴與賤對立相隨

常言道：天下熙熙皆為利來，天下攘攘皆為利往。然而，對於那些心胸寬廣的人來說，在他們的世界裡，沒有所謂的貧賤與富貴，他們既不會為一時的富有而沾沾自喜，也不會為一時的落魄而垂頭喪氣，總之，在他們的眼裡，他們視富貴如雲，不管貧賤，一視同仁。

富貴的確誘人，誰不想一生之中可以富甲天下，位尊人上呢？在古代修身養性的是這樣看待貴賤的：

⑴以貴為尊

古人的貴賤觀念是很鮮明的，特別是在封建社會，人的地位高低與貴賤之分有很清楚的不同等級。在沒有開設科舉制度以前，門閥、士族與平民則分得更清楚。這是歷史遺留下來的看法。對於貴賤，古人認為首先，人有貴賤等級之分，就是說人有爵位俸祿叫作貴。在爵位裡又分為五等。《孟子・萬章篇》：「天子一位，公一位，侯一位，伯一位，子男同一位，凡五等也。」這裡宣揚的是封建等級制度。以為那些能稱王的人，天下都歸順他，因此稱謂雖然不同，名義實際上一樣。在五等爵位之中，王這一爵位中最高。有天爵的人，要衡量評判天下萬物的輕重，所以古人說：「權出於天，這是很高貴的。」這反襯了歷史發展中在人頭腦中的積澱。

⑵ 貴賤有別

是由貴人做的事，由貴人占的地位，但被下等人佔有了，就是凶災之象。例如《易經》中孚封九爻說：「雞登上了天，怎麼能長久？」《本文》中說：「雞本來是陸地上的動物，卻想飛上天空，這違背了天地萬物的本性。」相信的是不該信的事物，卻不知道怎樣去改變它，當然要走向沒落。地位極高卻不曉得事物是會變化的，就算一時好，也是凶兆。因此孔子又根據卦象判斷說；「這種不知道變化的事，怎麼能長久不變！」《漢書》也說：「地位超過能力，很少能夠善終。」

這方面反襯了古人對人的地位的觀點，另一方面也可以看到他們還是從事物發展變化的規律來認識問題的，固然有其片面的一面，可其中也的確存在著哲理。對此《史記》還記載了西漢的董仲舒回答漢武帝策問時的說法：「做體力活，該要背東西的人卻坐車，這將會招致外敵。坐車是君子的事，背東西是小人的事，也就是說下人占了君子的地位卻做的是小人的事，禍患是一定要降臨了。」不少古人都對地位、等級看得很重要。

⑶貴賤轉化

古人也從貴賤的轉變中，看出了事物的對立統一。楊雄《解嘲文》中說：有的時候，人早上還大權在握，做卿相，不到傍晚就失去權利，成了匹夫。」身居公卿高位的人，腰纏萬貫，志得意滿，身穿紫衣，氣勢很盛，等到禍來福去時，就坐牢流放，災難跟著來臨。就像秦國的李斯，當

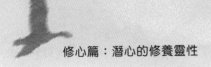

他大權在握時，能假造詔書另立太子；到了坐牢將被處死時，連吃頓溫熱的飯都不可以。又如漢朝的周亞夫，富貴時皇帝坐車親臨慰問，犯罪時卻坐牢死去。想想這些人，的確曾經擁有至高的權力，位貴於人，可是一旦危險降臨，連平民百姓都不如。

貴和賤常兩相對，也就是貴與賤經常是對立相隨的，互相轉化，沒有規則。就像傳說由築牆的工匠成為宰相，商鞅由宰相成為逃犯一樣，所以《易經》謙卦說：鬼神危害盈滿可而保佑不足的，人也是一樣厭惡盈滿的而喜歡謙遜的。

20. 耐心可以化解矛盾

許多時候，我們都急於事成，而欲速則不達，很多難以解開的枝微末節就是在我們慌忙中造成的，所以說凡事要多想一下，當你有了矛盾，不要企圖一下子就可以得到解決，在你為矛盾心煩意亂的時候，耐下你的性子，不要衝動，用冷靜的心態去對待，會有不一樣的結果出現。

有這麼一則故事：

在路邊的一家咖啡館裡，一對情侶因為一些小事發生了口角，雙方互不相讓，然後，男孩憤然離去，留下女友一人在咖啡店裡獨自垂淚。女孩不停地攪動著面前那杯檸檬茶，杯中未去皮的新鮮檸檬片已被她搗爛，檸檬茶也泛起了一股苦澀的味道。

為了洩憤，女孩叫來服務生，要求更換一杯去皮檸檬泡成的茶。服務生將女孩子剛剛所發生的一切都看在了眼裡，於是按照她的意思重新給她換了杯檸檬茶。茶裡的檸檬仍然是帶皮的。女孩見狀，更加惱火，她又叫來服務生，似乎要將滿腔的憤怒全部傾倒在服務生身上，她憤怒地說：「我跟你說過了，我要去過皮的檸檬茶，難道你沒聽到嗎？」服務生靜靜地看著女孩，依然沒有說話，似乎有意暫時充當女孩的「出氣筒」，當女孩發完牢騷後，他有禮貌地對女孩說：「小姐，請不要著急，妳可能有所不知，帶皮的檸檬經過充分浸泡之後，它的苦味才能溶解於茶水之中，形成一種清爽甘洌的味道，這種味道剛好是您現在所需要的。所以請您耐心等候，急於求成什麼事都辦不成，包括品茶。如果您想在三分鐘之內把檸檬的香味全部擠壓出來，那樣只會把茶攪得很渾，把事情弄得更加糟糕。」

女孩杵在那裡突然似乎明白了什麼，心裡有一種被觸動的感覺，她抬頭看著眼前站著的年輕服務生，心平氣和地問：「那麼，要等多長時間才能把檸檬的香味發揮到極致呢？」服務生笑著告訴女孩說：「一個小時以後，檸檬中的精華就會全部釋放出來，融入到茶裡，那時妳就可以品嘗到一杯美味的檸檬茶，只需要妳耐心等待。」服務生頓了頓，繼續說道：「其實處理生活中的瑣事和泡茶的道理如出一轍，只要妳肯付出長久一點的忍耐和等待，妳會發現，那些令妳煩躁的事情並不像妳想像的那樣糟糕。」女孩似乎對他所說的話不甚瞭解。服務生大概看出了女孩的心思，微笑著解釋道：「我的意思是想教妳泡一杯味道鮮美的檸檬茶，順便和妳討論一下做人。」

回到家後，女孩開始按照服務生的方法動手沖泡檸檬茶。她把帶皮的檸檬切成小圓薄片，放進茶裡，然後靜靜地觀望著檸檬片在杯中的變化，隨著時間的推移，她發現它們開始慢慢地張開，檸檬皮的表層好像凝結著許多晶瑩細密的水珠。剎那間，她體會到了檸檬茶的真正含義，那一次她品嘗到了有生以來最為絕妙、最鮮美的檸檬茶。

女孩明白了，由於檸檬長時間浸泡在茶中，檸檬的靈魂就會隨時間的延長而逐漸深入其中，這時才會產生令人難以忘懷的味道。做人如同泡茶，只要有耐心，一切矛盾都可以化解。正當女孩深思時，門鈴響了。女孩跑去開門，只見男孩手捧一大束嬌豔欲滴的玫瑰花，站在女孩面前。男孩溫柔地說：「還能再給我一次機會嗎？」女孩用清澈的眼睛望著男孩，過了一會把他拉了進來，在他面前放了一杯她親手沖泡的檸檬茶。男孩端起杯子欲飲，卻被女孩阻止了，男孩不解地望著女孩，女孩神秘地告訴他十二個小時以後才可以喝。男孩更加困惑了，不解地問：「為什麼非要等那麼久呢？」女孩說：「我們都太過於急躁了，遇到問題時總是不能冷靜地思考，總是會衝動地解決問題。所以我們訂個協議吧，以後，不管遇到多少煩惱，任何人都不許發脾氣，不要讓急躁的情緒壞了我們的感情。」男孩贊同地點了點頭。

女孩和男孩終於稀釋了矛盾，而忍耐是其中的良藥，如果一遇到問題就用衝動的情緒去解決，不但會讓自己的情緒更加激動，還會造成不必要的結果，所以，當我們遇到問題的時候，靜下心來，其實改變就在你思索的那一刻中，要是你急性子，就有可能造成無法挽回的結局，而當你慢慢地品味到了其中的滋味，你會發現，原來你與他人之間的隔閡已經化解，迎在你面前的仍是一片豔陽天！記住：世界上是沒有時光機的，無論你再怎麼後悔都不可能回到過去，所以我們應該給自己足夠的空間和時間去做出理智的決定！

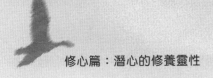

21. 逆境中成就事業

英國的偉大詩人彌爾頓失明後完成了自己最傑出的詩作；德國的偉大音樂家貝多芬，在喪失聽力之後創作了生平最傑出的樂章；世界級小提琴家帕格尼尼，用苦難的琴弦把樂曲演奏到了極致。有著「世界文化史上三大怪傑」之稱的三個奇人，一個是瞎子，一個是聾子，一個是啞巴！他們之所以有那樣的成就，主要在於他們勇於向上，處於逆境而不屈服，勇敢地在逆境中拚搏，去追求自己的事業。科學家貝佛里奇說過：「人們最出色的工作往往是處於逆境下做出的。思想上的壓力，甚至肉體上的痛苦，都可能成為精神上的興奮劑。」其實，「殘缺」並不可怕，可怕的是不能夠正視現實。

命運向來都是公正的，不要感歎時運多舛。在這方面失去了，就會在

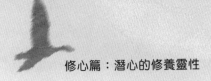

那方面得到補償。當你感到遺憾失去的同時，可能有另一種意想不到的收穫。但是，前提是你必須有正視現實，改變現實的毅力與勇氣。

就像一位成功者豪邁地宣稱：苦難猶如一條狗，在生活中，它不經意就向我們撲來。若我們畏懼、躲避，它便會兇殘地追著我們不放；若我們直起身子，揮舞著拳頭對它進行大聲喝斥，那麼它就會夾著尾巴灰溜溜地逃走。只要你擁有對生命的熱愛，苦難就永遠會是一條夾著尾巴的狗！

生命是流動的，是一個迴圈的過程。好事可以變成壞事，壞事也可以變成好事。有時，厄運也可能是一種幸運，是一種非常難得的契機，因為它把你推到了必須選擇去走另一條路的地方，並且在你一旦踏上了此路時，成功就極有可能向你招手了。

就像麥吉，耶魯大學戲劇學院畢業的美男子。他在二十三歲時由於車禍失去了左腿，此後，他依靠一條腿精彩地生活，成為全世界跑得最快的獨腿長跑運動員；三十歲時，厄運再一次降臨，麥吉遭遇生命中第二次車禍，從醫院出來時，他已徹底絕望——一個癱瘓的男人還能做什麼呢？

於是，麥吉開始吸毒，醉生夢死，但是這並不能拯救他。在一個寂靜的晚上，痛苦的麥吉坐著輪椅到外面，望著眼前寬闊的公路，他突然想起自己曾在這裡跑過馬拉松。前面的路還很遠，生命還非常長，難道他就要這樣自己將自己放逐嗎？不！他清醒了：「四肢癱瘓是不能改變的事實，我只能選擇好好活下去！我才三十三歲，我還有很多希望。」

麥吉堅定了意志，開始了下一步的人生。如今，他正在攻讀神學博士學位，而且一直幫助困苦的人解除種種心理問題，以樂觀的笑容，將溫暖與光明送至那些逆境中的人們。他用僅有的三根弦演奏人生的最美樂章。就算日後再遇到什麼磨難，他也會扶搖直上，不會有任何逆境挫敗他前進的步伐，阻止他成就他輝煌的人生。

在這個世界上，出身富裕、衣食無憂的孩子長大後往往不會成就大事業，因為從小的優越生活和對他們百依百順的父母，使他們形成這樣一個意識：這個世界是為了他們而造的。稍有事情不順心，他們就抱怨、仇恨，或者出走，或者犯罪，甚至選擇最極端的方式——自殺，放棄整個世界。就像只因為弦出了點問題，有些磨損，拉出的音不是那麼和諧，他們便馬上認為自己的小提琴毀了。我們不能責怪那些被寵壞的孩子，太優越的環境讓他們連動手剝水果皮的能力都喪失了。命運給他們的是一個芬芳四溢的柳丁，但是他們連皮都不屑剝開，於是他們咬到的只是柳丁皮，又苦又澀。

但令人奇怪的是，見諸報端的很少有看到貧困的孩子因為青春期的叛逆，和一些小小的瑣事離家出走的例子。因為，這些生活環境不太好的孩子，知道怎樣贏取一切，他們根本沒有時間抱怨和歇斯底里。命運給他們的是一個模樣很醜的檸檬，而且裡面全是酸的。他們樂觀地說：「沒關係！我會把它做成檸檬水，在裡面加些蜂蜜，味道會更好。」

所以，在逆境中勇往直前，最終就會接觸到幸福，像想像中的那樣，幸福是一種勝利，一種即使在三根弦上也能演奏出美妙樂曲的勝利。

生命中，沒有一個人命中註定會永遠失敗！也沒有一個人命裡註定會過一輩子一帆風順的生活！機會是要靠自己去探索尋求，去把握選擇，去牢牢地抓住。

我們不是為失敗才來到這個世界上的，我們的血管裡也沒有失敗的血液在流動。生活中，不要聽失意者的哭泣、抱怨者的牢騷，這是可怕的瘟疫，不要被它傳染。

為了成功，堅持不懈。你必須牢牢記住這個古老的成功法則：無論遇到什麼困難都要堅持下去，因為每一次的失敗都會增加再一次成功的機會。此次的拒絕便是下一次的贊同，此次的眉頭一皺便是下一次舒展的笑容。現在的不幸，是預示著日後的好運。你要嘗試，嘗試，再嘗試，像水手一樣，乘風破浪，這樣，成功離我們就不會太遙遠。

22. 明山水之真趣，棄名利於身外

在歷史上能做到視權利為糞土的人很少，相反，倒是爭權奪位的比比皆是，為天下大權而鉤心鬥角，殺人縱火，爭城掠地，骨肉相殘。到了現代，不要說讓出整個天下，就是讓出一個小公司、小主管的領導權來，就會讓多少人不情不願呢？

在歷史的長河中，我們可以看到人人都覺得「一朝權在手，便把令來行」。在很多人眼裡，有了權就有了一切，失去了權就等於失去了一切。所以才會有「權、權、權，命相連」的說法。

在孔子時代這種想法更是變得普遍！要不然，他怎麼會把三讓天下作為至高無上的品德來歌頌呢？

我們都知道，在古代歷史上，王位至高無上。古代帝王自命「天子」，天下獨尊。所謂「普天之下，莫非王土，率土之濱，莫非王臣」。黎民百姓山呼「萬歲！」身居華屋甌宇，後宮佳麗如雲；食有珍饈美味，人間富貴享之不盡。且玉璽在握，生殺予奪，令行禁止，全憑「王者」旨意。

而現今還是有人說：「有權就有一切」。有權的人可以「五子登科」。一旦你有權在手，什麼妻子、兒女、車子、房子等等問題統統都可以輕易解決，誰不有求於你？即便是蓋個印章，也可以「堂而皇之」地向人索取「手續費」。

時下有「權錢交易」之說，其內涵頗深。其核心就是個「權」字！只要讓位於人，就等於將江山拱手相送，那就意味著放棄個人的一切權利。沒有權，就管不了人；沒有物，就吸引不了人；沒有錢，就無法說動人！對於這一簡單不過的「真理」，難道說三千多年前的泰伯就不懂，而硬要將一個眾人千方百計想求得的王位讓給三弟季曆。他甚至寧肯犧牲個人的利益，三番五次地讓位，足見其心之誠，其德之高，與骨肉相殘、爭利於爭權於朝市之輩大相徑庭！

山川大地與廣袤的宇宙空間相比，只是一粒微塵，更況乎人類不過是微塵中的微塵；我們的身體相對於無限的空間來說，只是猶如一個泡影一般短暫，何況外在的功名富貴不過是泡影外的泡影。所以說，沒有過人之智慧，就沒有洞察真理的心。

宋神宗熙寧七年秋天，蘇東坡由杭州通判調任密州知州。所謂「上有天堂，下有蘇杭」，北宋時期杭州早已是繁榮昌盛、交通便利的好地方。密州的居處、交通、環境都比不上杭州。

蘇東坡說他初到密州，連年收成不好，到處都是盜賊，糧食緊缺，蘇東坡及其家人還經常以菊花、枸杞等野菜作口糧。人們都認為東坡先生過得肯定不幸福。

誰知道蘇東坡在這裡過了一年後，不但發福了，甚至還白髮變黑髮。

這其中的奧妙在哪裡呢？蘇東坡說，我很喜歡這裡淳厚的風俗，這裡的官員百姓也都樂於接受我的管理。於是我有閒情自己清掃庭院，整理花園，修整破漏的房屋。

有一個舊亭臺，在我家園子的北面，稍加修補後，我時常登高望遠，放任自己的思緒，作遐想無窮。往南面眺望，是馬耳山和常山，若隱若現忽近忽遠，大概是有隱君子吧！向東看是盧山，這裡是秦時的隱士盧敖得道成仙的地方；往西望是穆陵關，隱隱約約像城郭一樣，師尚父、齊桓公這些古人似乎依然存活於世；向北可俯瞰濰水河，回想淮陰侯韓信過去在這裡的輝煌業績，又想到他的悲慘命運，不免慨然歎息。這個亭臺高而幽靜，冬暖夏涼，一年四季，不論早晚，我常臨此亭。自己摘園子裡的蔬菜瓜果，捕池塘裡的魚兒，釀高粱酒，煮糙米飯吃，樂得逍遙自在。

對現實的人來說，有形的東西可以感知，如功名利祿，人們逐之如蠅。然而宇宙廣闊，從人一生的生死上來看，人何其渺小，功名利祿轉瞬即逝。蘇東坡在《念奴嬌・赤壁懷古》中以「大江東去，浪淘盡千古風流人物」的博大氣派而發人生宇宙之興歎，胸懷寬廣氣度宏大，可稱得上豁達、豪邁之人，對人生大徹大悟。也正是因為他有絕頂的智慧、遠大的抱負、崇高的修養，才能使他明山水之真趣，棄名利於身外。

23. 濃處味短，淡中趣長

古有詩云：「悠長之趣，不得於醲釅，而得於啜菽飲水；惆悵之懷，不生於枯寂，而生於品竹調絲。固觀濃處味常短，淡中趣獨真也。」意思是說悠遠綿長的趣味不一定來自濃烈的酒中，而是來自於清淡的蔬菜、清水中；惆悵悲恨的情懷不是脫胎於孤寂困苦中，而是從聲色犬馬中產生。由此不難發現，濃厚的味道往往很快就會消散，淡泊的事物才最真實。

魏晉南北朝時期，擔任廣州刺史的人，大多都有貪贓枉法的行為。因為廣州倚山傍海，是個出產奇珍異寶的地方，只要帶上一匣珍寶，幾世便可衣食無憂。但是當地流行瘴癘疾疫，一般人都不願到那裡去。只有難以自立又整日想著發財的人，才希望到那裡做官。因此，廣州的刺史要比其他地方更為腐敗。

晉安帝隆安年間，朝廷想破除這種陋習，便派素有清官美稱的吳隱之擔任廣州刺史。吳隱之少年時就孤高獨立，操守極其清廉。雖然家中窮困不堪，每天到傍晚才能吃上一頓飯，但他絕不吃不屬於自己的飯菜，不拿不合乎道義的錢財。他的妻子要自己出去背柴。他每日的俸祿賞賜，都拿來分給親戚和族人，以至自己在冬天都沒有被子蓋；有時因為缺少用來換洗的衣服，只好在衣服洗完之後披上棉絮待在家裡。他的生活和貧寒的平民一樣清苦。吳隱之走馬上任後，到離廣州治所二十里一個名叫石門的地方，只見一道泉水淙淙流去。有人告訴吳隱之，這條泉水，人稱「貪泉」。人喝了貪泉的水，都會產生無窮無盡的欲望。吳隱之聽了這話，翻身下馬，對隨從說：「如果不看見可以讓人產生貪欲的東西，人的心境就不會被沾汙。現在我們一路上見到這麼多的奇珍異寶，我總算明白了為什麼越過五嶺，人們就會喪失清白的原因了！」其實這些話是告訴自己和周圍人不要為珍寶動心。語畢，他便跑到貪泉邊，舀起泉水很自然地喝了起來，並且當即吟詩一首：「古人云此水，一歃懷千金。試使夷齊飲，終當不易心。」意思是說他要像商末的伯夷、叔齊一樣，堅守節操，不對外物動心。在廣州上任期間他一塵不染，更加清廉。他平常吃的盡是些蔬菜和魚干，帷帳、用具、衣服等都交付外庫。很多人都以為他只是作秀罷了，但時間長了，人們才明白他真是個清官，不是故弄玄虛。帳下人向他進食魚時，總是剔去魚骨頭，只剩下魚肉。吳隱之發現後，覺察到他的用意，重重地批評了他，並把他免職。由於吳隱之的以身作則，廣州地區的貪污陋習大為改觀。朝廷對吳隱之的廉潔克己、改變風氣大為褒獎，晉封為前將軍。

吳隱之回到京城後，隨身未帶任何東西。他妻子劉氏帶了一斤沉香，吳隱之發現後，把它取出來，丟進了河裡。吳隱之在京城，家是那種只有幾畝地的小宅院，籬笆和院牆又窄又矮，加在一起才六間茅屋，妻子兒女都擠在一起。當政者要賜給他車、牛，為他重新修建宅院，但是他堅決推辭。不久，他被任命為度支尚書、太常寺，他家也只是以竹篷為屏風，坐的地方連氈席都沒有。後來晉升為中領軍，每月初領到俸祿，只拿出自己一人的口糧，其餘的全賑濟親戚、族人，就妻子兒女也不能分享。家屬要靠紡織謀生，自食其力。一旦出現災荒，兩天只能吃一天的糧食，身上總是穿著縫了又縫補了又補的布衣。吳隱之在早年之前也擔任過衛將軍謝石的主簿。他女兒要婚嫁，謝石知道他們家貧窮，嫁女兒一定很簡樸，便特地派了人去幫助料理婚事。但來人到他們家一看，正見到婢女牽了條狗出去賣，此外就沒操辦過什麼。

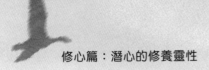

貪得者雖富亦貧，知足者雖貧亦富。這話說有道理也有它的道理，說不對，也有它的不對之處，有財富使物質生活過得好勝過家務，但為財富不擇手段六親不認，就失去了人生的意義。所謂濃處味短，淡中趣長，說的就是精神上的追求。曾有這樣一種社會現象，說是有人窮，窮得只剩錢；有人富，富得除了書本之外別無所有。這是不正常的。追逐金錢達到癡迷的程度，隨之而來的便是精神上的空虛，而精神富足的人則可以在理念的世界裡做到真趣盎然，但如果沒有一定的物質基礎是無法體會到樂趣的。因此，看待任何事物都要有辯證的態度，濃處味短，淡中趣長，絕不能盲目地服從。

治心篇

管理者的層次

我們要能好好地約束自己，
使自己的心靈歸於平靜，
這樣才能成為自己的主人，
不會管理不好自己，
讓一切亂了套。

24. 律己的原則是「嚴」

清代張潮在《幽夢影》中的一句名言：「律己宜帶秋風，處事宜帶春風」，他用「秋風」、「春風」的比喻，勸告人們要嚴己寬人。嚴以律己，就是嚴格要求自己，自覺克制自己。這是加強自我修養、攀登道德制高點的必經之路。

律己的原則是「嚴」。只要做到這點，亦非易事，要從多方面加強修養。

⑴要以細節律身

這就是說，要在思想、工作、學習、生活的細節處嚴格地要求自己。

大凡仁人賢士，均循此道修身。

白居易在杭州任刺史期間，不取百姓一錢一物，政聲頗好。當他離開杭州，回憶往事時，發現自己做了一件錯事，即在遊天竺山時帶回了兩片山石。他想，要是遊客都這麼做，長此下去，那天竺山不就「山將不山」了嗎！他感到對不起杭州，便寫了首《韻語秋陽》自省詩，詩雲，「三年為刺史，飲水複食葉，唯向天竺山，取得兩片石，此抵有千金，無乃傷清白……」他覺得，取這「兩片石」。就像侵吞了不義「行金」，有傷自己的「清白」。

自居易這種嚴以律己、細節律身的精神，著實值得我們可敬、可學。

⑵要以公律心

在我國歷史上，以公律心的人物還有很多。

元代政治家耶律楚材身居相位。但他為官廉潔，嚴於律己。有人勸他多提拔自己的親朋好友，他回答道：時待宗親應以金帛相助，不能擅自予以職權而違背法則。在他當政時期，從未用過一個親朋好友。他雖當了三十餘年丞相，家中卻一貧如洗。他去世後，安葬在北京玉泉山麓。直到清代，乾隆皇帝考慮到他的功績，下令修繕其墓，供後人景仰。

這一歷史故事說明，耶律楚材的事蹟之所以為後代所流傳，主要原因是他能以公律心。同時也告訴我們，以公律心、以公克私是嚴於律己的關鍵。

⑶要以理律己

古人云：以情恕人，以理律己。「理」可以講出許多條，最重要的是六個字——「利國、利民、利他」。只要是利國之事、利民之事、利他之事就能做，凡是誤國、誤民之事，凡是損人利己之事堅決不要做。但是，也不是一味過於苛求自己，成了一個謹小慎微的君子，這樣就活得太辛苦了。自寬自慰也是我們人生中的應有之意，它將讓人生氣勃勃地投入美好的新生活中去。

一個嚴於律己的人，常常是嚴予解剖自己的人。我國從春秋戰國至今，很多的志士仁人都以「克己」、「責己」、「律己」、「正己」作為修身的要點。並以自己的體會留下了很多令人深思的古訓，例如「責己要厚，責人要薄」、「歸咎於身，刻己自責」、「責己重而責人輕」、「持己當無過中求有過」、「以責人之心責己」等等。我們要從這些古訓中汲取知識，為我們所利用。特別是當出現問題或發生矛盾時，自己要在主觀方面多找缺點，不要強詞奪理，推托事實。要是責任在於自己，就要敢於承擔。

良好的道德品質之一：嚴以律己。要是每個人在道德修養上都能做到自律，就更有助於全民族良好社會風氣的建立和道德水準的提高。

25. 強化自己的能耐

我們每個人都有著不同大小的能力，辦事效率也有高低。但很多的人卻擁有著同一個毛病：缺乏能耐，做事情時常力不從心。怎樣才能克服這個問題呢？這就必須強化自己的能耐，把所有的時間和精力都投入到自己的事情上去，這樣的話，你便會發現自己突然強大了起來，一下就做成了一直想做的事。這便是「多努力一下」之道。

瓦倫・哈特葛倫在年輕時曾是一名挖沙工人，長年累月異常辛苦地工作使他萌生了必須要成就屬於自己人生事業的欲望，那就是成為研究南非樹蛙的專家。從他所受的有限教育來看，本來他不具備這方面的才能，但他從1969年開始，就花費大量時間和精力用在了這項研究上，他每天都收集一百五十個標本，共作了約三百萬字的筆記，終於找到了南非樹蛙的生活規律，並從牠們身上提取了世界上極為罕見的一種能預防皮膚傷病的藥物，一舉成名，還獲得了哈佛大學的博士學位，成為美國《時代》週刊的封面人物。他曾問一位年輕人是否瞭解南非樹蛙，年輕人搖頭說：「不知道。」

瓦倫·哈特葛倫誠懇地說：「如果你想知道，你只要每天花五分鐘的時間閱讀相關資料，這樣，五年內你就會成為對這方面最瞭解的人，和這一領域中最具權威的人。」年輕人當時未置可否，但他卻經常想起博士的這番話，覺得這番話道出了許多人生哲理。於是他開始像博士一樣把時間和精力投入到自己的專項研究上，終於成為了第二個哈特葛倫，他就是伍迪·艾倫。

伍迪·艾倫說過：「生活中百分之九十的時間只是在混日子。大多數人的生活只是為吃飯而吃飯、為搭公車而搭公車、為工作而工作。他們從一個地方走到另一個地方，事情做完一件又一件，彷彿做了很多事，卻很少有時間耐下心來去做自己真正想做的事。就這樣，一直到老死。很多人臨到退休時，才發現自己虛度了大半生，而剩下的生命只能在病痛中一點一點地流逝。這樣是絕對不能成就自己的事業的。如果全心全意地把時間和精力投入到你喜歡的事業上，你就能非比尋常。」這番話告訴我們一個道理，比別人繼續努力一些，你將擁有更多的成功機會。

兩個同齡的年輕人同時受雇於一家商店，並且拿同樣的薪水。可是名叫約翰的年輕人蒸蒸日上，而叫韋德的年輕人卻仍在原地踏步，韋德很不滿意老闆的不公平待遇，於是到老闆那裡發牢騷。老闆一邊耐心地聽著他的抱怨，一邊在心裡盤算著怎樣讓他明白他與約翰的差距。「韋德先生，」老闆開口說話了，「您今早到市集上去一下，看看今天早上市集上賣些什麼。」韋德從市集上回來對老闆說：「今早市集上只有一個農民拉了一車馬鈴薯在賣。」「有多少？」老闆問。韋德趕快又跑到市集上，然後回來告訴老闆一共有四十口袋。

「那麼價格又是多少？」

韋德再一次跑到市集上問來了價錢。「好吧，」老闆對他說，「現在請您坐在這裡，一句話也不要說，看看約翰怎麼做的。」老闆將同樣的任務交給約翰，約翰很快就從市集上回來了，並向老闆彙報說到現在為止市集上只有一個農民在賣馬鈴薯，一共四十口袋，價格為多少，馬鈴薯品質很不錯，並且還帶回來一個馬鈴薯讓老闆看看。這個農民一小時以後還弄來幾箱番茄，據他來看價格非常公道。昨天他們店裡的番茄賣得特別好，庫存已經不多了。他想這麼便宜的番茄老闆一定會想進一些的，所以他不僅帶回了一個番茄做樣品，而且把那個農民也帶來了，那農民現在就正在外面等著回話呢。此時老闆把頭轉向了韋德，說：「現在您應該知道為什麼約翰的薪水比您高了吧？」

韋德跑了三趟，在老闆的不斷提示下，才瞭解了菜市場的部分情況；而約翰僅一趟，就掌握了老闆需要以及可能需要的資訊。現實生活中有很多人像韋德那樣，從來不動用自己的腦子，從來不進一步地去做相關的事情，結果長期地不被重用。而像約翰那樣把事情做好、一次到位的人，自然會受到別人的尊重。

成大事者與未成大事者之間，其實不像大多數人想像的那樣遙不可及。成大事者與不成大事者的差別只在於一些小小的動作上而已。

26. 擺脫依靠，超越自我

人為什麼活著？答案因人而異。有的為了名利，有的為了財富，這些東西也就構成了一個人的人生目標。人，因為有目標，所以才會努力活著。如果你向命運屈服的話，就永遠只是一個弱者，如果你堅持不懈地努力了，最後卻失敗了，雖然你的生命並不完美幸運，但是你的人生依然充實——雖敗猶榮。現實中，人們常常自我禁錮，約束著自己的靈魂。但是要知道，只有像鳥兒忘掉地平線一樣，擺脫束縛，才能在人生的天空飛得更高、更遠。

雄鷹如果留戀地平線，就無法翱翔藍天；麻雀留戀地平線，一生只能在林間蹦跳。

無視地平線，輕裝上陣，盡情伸展飛翔的翅膀，讓自己在經歷狂風暴雨後變得更加堅強，帶著陽光的溫暖和空氣的清新快樂地奔向理想的天堂。

人生是一條河，人生是一杯酒，人生是一首歌。但我們要學會忘掉它的深淺、甘苦、高低，用自己的心去闖蕩、去品嘗、去歌唱。

掙脫束縛，追求忘我。只有忘掉地平線的存在，才能到達理想的天堂。還記得有句話非常經典：不要把自己當做一隻老鼠，否則你就會被貓吃掉。

一八五八年，瑞典的一個富豪人家裡，有一個小女孩來到了這個世界上。但不久，小孩就患了一種莫名其妙的癱瘓症，從此變得無法像正常人一樣走路。

一天，這家人帶女孩出去乘船旅行。船長太太告訴孩子船長有隻非常漂亮的天堂鳥，她頓時對這隻鳥產生了濃厚的興趣，希望能夠親眼看一看，於是，保姆就讓孩子留在甲板上去找船長。可是孩子不喜歡等待，因為那樣很無聊，所以，她要求船上的服務生馬上帶她去看天堂鳥。可服務生並不知道她不能正常行走，一心只想著帶她去看那隻美麗的天堂鳥。

就在這時，奇蹟發生了，因為她太渴望看到那隻鳥了，竟然不知不覺的拉住服務生的手，慢慢地開始走了起來。從此，孩子的病就痊癒了。她長大後，開始了文學創作，她就是第一位榮獲諾貝爾文學獎的女性——塞爾瑪・拉格洛夫。

只有忘我，才能專注，才能走向成功，只有在忘我的境界下，人才會擺脫習慣的束縛，釋放出難以置信的能量。

只有超越自我，一個人才能抵抗外界的誘惑和干擾，才能樹立堅定的理想，心無雜念地走自己的路。只有超越自我，才能勇敢面對一切挫折、坎坷、困難和不幸，才能在順境中不得意忘形，不間斷鼓勵自己；在逆境中，也不頹廢、不氣餒，奮發向上。

傑克和湯姆是從小的玩伴。傑克非常聰明，也非常活潑，無論什麼都是一點即通，一學就會，他知道自己比一般人聰明，就特別驕傲自滿。而湯姆就相反了，雖然他也十分用功，可無論如何也不能進入到班上的前十名。與傑克在一起的時候，他經常會感到深深地自卑。可是母親卻一直鼓勵他：「如果你總拿他人的成績來衡量自己，即使你再努力，也只不過是一個『追隨者』，駿馬常遙遙領先，但最終能夠抵達終點的，往往是堅持不懈的的駱駝。」

傑克常常自作聰明，但直到長大仍然一切平平，沒有任何建樹，而自認為很笨的湯姆卻在媽媽的支持下，不斷地超越自我，多方面增強能力，充實自己，最終獲得了成功。

人來到世上，「口袋」裡放著同樣的東西，只是傑克的聰明在「口袋」的外面，他能夠看到，能夠觸摸，所以就常常自作聰明，最終聰明反被聰明誤！而湯姆的聰明卻在「口袋」的裡面，他覺得自己不夠聰明，總是在努力，朝前邁進，他一生都在不斷上進，向前邁步，獲得了最終的成功！

有一個舉重選手，總覺得自己很平凡，覺得自己一輩子不會有所成就。所以，無論是訓練還是比賽，他總是成績平平。教練發現這一點後，就開始認真留意這名運動員，發現他其實具備優秀運動員的水準和能力，只是被自己的想法束縛著，以致無法進步。

在一次訓練中，選手雖然很努力，卻仍無法舉起加重的啞鈴，這時，旁邊的教練冷不防地把他的短褲猛地一拉，選手就下意識地騰出一隻手來拉短褲。這時，令人驚訝的一幕發生了，他把那啞鈴舉起來了，而且只用一隻手。

當看到教練那和藹的笑容時，選手才恍然大悟，信心倍增。從此以後，他就開始改變自己的心態，積蓄在體內的潛能也被他充分地發揮了出來，最後他終於成為一名著名的舉重選手。

每個人都有獨特的方面，都有實現自己人生價值的獨特切入點，只要你按照自然發展的規律發展自己，不斷掙脫心靈的束縛，你就不會錯過生命的太陽，也不會讓他人的光輝擋住自己前進的腳步。

綜上所述，我們可以發現，生活中，那些對自己沒有信心，對自己的能力持懷疑態度的人，是不會發揮出自己的真實水準的。人唯有忘掉地平線的存在，忘記地平線的束縛，積極超越自我，充分激發自己內在的潛能，即使你再平凡，你也會獲得巨大的成功。

27. 要做就做工作裡的佼佼者

一般而言，活在這個世界上的有兩種人：一是發佈命令的人，一是服從命令的人。從期待成功那一刻開始，你就要選擇你是想在你從事的行業中成為一名發佈命令者，還是做一個服從命令者。當一個服從者似乎不夠光彩，而且當一個服從者永遠不會有太大的成功。當你帶著幾個意見相左的朋友為達到某個目標而奮鬥時，你就躋身於命令者的隊伍。一個人成功的開端，就是從他跨入所做行業的領導地位時開始。

卡內基是美國鋼鐵公司創始人，一位優秀的領導者。他那巨大的財團，便是集體智慧的結果。儘管，他有著為世人羨慕的財富，可他絕不是孤獨的、一言堂式的財閥；而且，他很高興與人一起創造財富，一起享受財富。

原本他只是一個沒有名氣、而且對鋼鐵製造知識幾近無知的小工人，可當機遇將他推向鋼鐵製造業時，他無所畏懼地接受了命運給他的挑戰。他相信事在人為，相信有很多專業知識比自己豐富得多的人在這個世界上，只要學會使用他們的知識，讓他們聚集在自己身邊，就一定可以創造成功。就這樣，他到處尋找人才，用近五十名專家建立了自己的智囊團，這些人都和他有著一致的目的——就是推廣鋼鐵業。

在創業的過程中，正是源於眾多專家的智慧，他才克服了生產經營過程中的許多難題。正是一股巨大的心靈力量融合的凝聚，出現了美國歷史上首個「財團」。瞭解每一個人，並妥善地使用他們，是卡內基事業成功的第一要素。在說到自己成功的原因時，卡內基說：「我的工作就是激發他們提供最佳服務的願望。」

卡內基把人看成企業的最珍貴的財富，他曾經說：「就算把我所有的資產全部拿去，只要把我的組織成員留給我，最多四年，我還會成為一個鋼鐵之王。」在他的智囊團中，各方面的專家組合成合理的智能結構，即使再大的問題，智囊團也能找出最好的解決方式，因此有力地促進了卡內基事業的壯大。

全球規模第一大的飯店王國創始人希爾頓曾經說：「一個人必須成為他所從事的那一行業的領袖人物，才能成功致富。」

具備領導能力的一個人不但要靠自己的努力，還要靠別人的努力去接近夢想。自認為明天可以實現夢想的你，此刻若是不能把幾個意見不一的朋友融合在一起，你那些有關未來的種種假設，就只能是紙上談兵。

領導能力其實不過就是影響力的問題。每個成功者都是能夠影響別人、使別人甘心成為自己的追隨者的人物，他能讓別人跟隨他，和他一起同甘共苦。他鼓勵身邊的人協助他朝著自己的夢想、目的和成功前進。就像一段話：「領導人物走在隊伍前面，並且一直走在前面。他們用自己提出的標準來衡量自己，並樂意別人用這些標準要求自己。最好的領導人物就是能不斷成長、發展、學習的人。」

通常來說，作為一個將來的領導者，必須擁有以下十個重要條件：

第一、堅韌不拔的勇氣。

沒有誰願意接受一個沒有自信和勇氣的領導者擺佈；

第二、優秀的自制力。

不能管好自己行為的人就別妄想管理別人。自我約束讓跟隨者樹立了範本，他們會更精明地跟著學習；

第三、永不動搖的決心。

遊移不定的人證明他不能確信自己，更不能成功地帶動別人；

第四、與眾不同的個性。

追隨者不會接受一位性格等各方面都很一般的領導者；

第五、與眾不同的正義感。

缺少必須的正義感，任何領導者都無法命令和得到下屬的敬重；

第六、忘我的奉獻精神。

領導者所做的工作要比跟隨者所做的超出數倍不止；

第七、強烈的責任感。

一個優秀的領導者一定要勇於為跟隨者的不足和失誤擔負責任；

第八、優良的合作精神。

一個成功的領導者必須會使用合作力量的基本法則；

第九、樂於和他人交流。

會飾演多種角色、多層面地和別人進行廣泛而深入的心靈溝通；

第十、勇於創新並具備冒險精神。

後天的逐漸磨練和培養是這十個條件形成的前提。你是否想成為一個領導者？那麼在人生的旅途中你就要讓自己逐步擁有這十個條件，這十個條件是一位發佈命令者的必備素質。

我們要做就做佼佼者，要做就做最頂尖者，只有那樣，你才會成功。

要是一輩子唯唯諾諾聽從別人的指揮，不用說成功，到頭來你都不知道自己為誰而活。

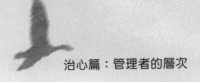

28. 熱愛自己的工作

很多人都覺得工作壓力很大，一說到工作，就滿腹牢騷。只有很少人在享受自己的工作。其實做為上司，他們更願意看到員工熱愛自己的工作，因為員工只有打從心裡喜歡自己所做的事情，才更容易做出優秀的成績來。

若你整天感覺到工作壓力大，工作內容枯燥無趣，你一定不會快樂。若你本身就喜歡這個工作，即使你再忙再累，你也會樂此不疲的！若你沒有辦法選擇自己的工作，那你只有去想辦法喜歡了。而喜歡上以後，你就會感覺到非常快樂了！若你能將這種快樂向別人、尤其是你的上司訴說，對你是有很大好處的，不信可以試試看。

(1) 從公司制度中尋找快樂

畢業時，很多同學都找不到工作，但是陳翌玎卻很快找到了工作。

這是她主動應徵的第一家公司！應徵過程也挺簡單的，通過筆試後陳翌玎就被通知面試了。面試時上司問她想不想來這裡上班，她說，當然想了。他問為什麼，陳翌玎笑著說：「因為這個公司的制度我很喜歡啊！」

「什麼制度？」

「上班時間、下班時間，剛好符合我的作息習慣；招聘新員工的方式，比我同學去應徵的其他公司要簡單很多，其實那麼複雜也未必能選出好員工。再比如，我以前看見過相關報告，公司還有定期為福利事業做貢獻。」

上司笑了，與人事經理不知道說了些什麼，之後的第三天，陳翌玎便被通知上班了。她感覺找工作非常容易，於是非常快樂！

第一天上班，陳翌玎在公司門口的早餐店吃早餐，正好遇到了上司，他詢問陳翌玎是否習慣新環境。她很開心地說：「當然習慣了！比上課的時候要輕鬆很多，也有了更多的快樂！」上司笑了：「不錯，繼續努力，好好工作啊！」陳翌玎很爽快地回答：「是！」

一段時間之後，陳翌玎好像根本就沒有什麼成績，當然了，也沒出什麼錯誤。會議開始，大家都爭先恐後地向上司訴說自己的成績，但陳翌玎卻笑著說：「沒有什麼成績，就是非常開心而已！」

上司問她：「你為什麼這麼快樂呢？」她笑著說：「因為我非常非常喜歡這個工作，可以做自己喜歡做的事情，當然就很快樂呀！」上司點點頭，會心地笑了。

後來上司對陳翌玎說：「你的工作狀態不錯。開心的情緒對其他同事會是一個促進作用，別人看見你開心也會跟著開心起來的。大家都開心了，工作自然也能很順利地完成了。」

聽了上司的話後，陳翌玎才明白，自己的制勝法寶竟然是快樂！

大家都知道，只有打從心底喜歡的事情，我們才能做好。所以，在工作中，你應該切實地表現自己的快樂。並讓你的上司知道你的快樂。他就會對你留心了。

眾所周知，快樂的情緒是能夠感染的，每個上司都喜歡看到自己的員工開心、快樂的樣子！其實，只要能夠開心快樂地投入工作，效率也就會越高。

⑵不要對老闆發牢騷

汪夢菲的夢想是做一名漂泊的流浪畫家，但殘酷的現實使她不得到處去找工作。最後她終於落腳於一間動漫公司，擔任一名繪畫師。能夠做自己喜歡的事情，並且薪水也還算高。汪夢菲覺得非常滿足。

一次上司帶汪夢菲去見客戶，對方也是做動漫開發的，她親耳聽到了關於動漫圖畫的報價。雖然，老闆談的價格中是包括腳本與策劃的費用，可她也知道繪畫技術的高低在實施過程中也是非常重要的。儘管汪夢菲的薪資已相當高了，但相對於她聽到的這個數字而言，仍然是天差地別。汪夢菲因此覺得很不平衡，她覺得自己起碼應該得到百分之五十的報酬。

這之後，汪夢菲便對老闆有了怨氣，開始對繪畫敷衍了事。直到有一天上司把她單獨叫到辦公室談話。他問道：「妳現在畫畫，還像以前那麼快樂嗎？」汪夢菲搖頭。上司笑著說：「妳現在已不快樂了，我能看出來，而妳之所以這樣，是因為妳把妳的藝術和金錢聯繫在一起了。我向來不主張為了藝術而餓肚子的想法，因此我給妳開了足夠高的薪水，但妳仍然不開心，是因為妳覺得妳應得到更多，對嗎？」

汪夢菲點點頭：「我是覺得很不平衡，因為我覺得你在拿我的技術賣錢，然後再給我很小的一部分！」

上司略微思索了一下才說：「其實，就算妳單獨去與那個客戶談，也許能談成功，但是有一點，妳沒有一個整體的策劃與合適的腳本，別人不會只用妳來繪畫。」汪夢菲對上司的解釋嗤之以鼻，冷冷地「哼」了一聲。

後來，汪夢菲私下裡找到了那個客戶，人家給她的答覆是：「我和你們公司合作已快十年了，不論是從腳本方面，還是從繪畫的風格方面，我都非常滿意。我們不會和個人合作，首先是我們沒有與妳合作過，這存在著很大的風險。退一步講，如果合作了，之間一旦出現問題，作為妳個人是無法承擔損失的；最後，我們覺得一個動漫作品並不是一個人能完成的，它是一個團隊行為，需要大家共同的智慧。」之後汪夢菲當然丟掉了那份工作。

任何人都不喜歡從同事或朋友的口中聽到那些令人反感的話，這些不但影響到你的心情，也妨礙到你對事情的判斷，以至於阻礙了自身的發展。

每個人都喜歡發發小牢騷，但有的牢騷是堅決不能發的。除非你已經為自己鋪好後路，並準備辭職。否則在公司裡，還是儘量多表示開心的好。

⑶改掉口頭禪

石威倫從事科學研究工作。他有一句口頭禪：沒力。他在工作上非常出色，成績突出，也取得了很多科學研究成果。但科裡在提選主任時，候選人名單上竟沒有他的名字；在主管推薦優秀人員參加科學研究組織時仍然沒有提名他。他去找上司提意見，沒想到上司吃驚地看著他：「你不是不喜歡科學研究工作嗎？」石威倫生氣地說：「可是我取得了很多成績啊！」

上司笑著說：「其實，我們是以很長遠的想法來看待問題的，一個人一定要非常喜歡自己的事業，才能在這條路上越走越順，做出更好的成績。而我們也致力挑選這些有恆心、有毅力，且熱衷於這項工作的同仁。也許你現在的成績很不錯，但你能否長期堅持做科研，也未可知。」石威倫急了：「你怎麼看得出我不能堅持呢？你怎麼看得出我沒有毅力和恆心了？」

上司一臉驚訝地問：「那不是你自己說的嗎，你老把沒力掛在嘴上，我以為你不喜歡這個工作。」石威倫一愣，他確實這麼說過。

上司緊接著說：「我其實一直很看好你，可是每次你都說沒力，時間長了，我對你也沒什麼信心了。一個整天覺得自己工作沒力的人，又怎麼能堅持下來一直搞科研？畢竟這是一個很辛苦的工作！」

石威倫聽了，愣在原地，啞口無言。沒想到一句無關緊要的口頭禪，竟斷送了自己升遷的大好機會。

有些口頭禪是可以助人的，例如一些積極向上的口頭禪；而有些口頭禪則是會害人的！那些害人的口頭禪，通常都是些消極的，沒有意義的句子。如：「沒力！」、「無聊！」、「煩。」等。這些害人的口頭禪都會讓上司聽了不舒服。所以我們要盡可能避免使用這些口頭禪。不要把不快樂的資訊傳遞給上司。

綜上所述，自己的工作自己要負責，我們要抱著一顆熱忱的心去投入，不可以敷衍了事，你的工作是你生活的資本，你要想更好地去生活，必須熱愛自己的工作，那樣的話，你才會進一步地取得業績，從而過上自己想要的生活。

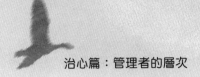

29. 擺脫浮躁的控制

現在的人總是很容易浮躁，尤其是現在的年輕人。一旦被浮躁所左右，人往往就會變得六神無主，喪失了明確的選擇，盲目地追隨潮流。做起事來，就像盲目的掘井人，雖然四處掘井，卻始終很難掘出水來。

有位年輕人外出創業，三年內他換了四個職業，結果都以失敗告終。他去請教一位禪師，禪師以茶相待。在倒茶的過程中，禪師沒有停下，杯子裡茶水都滿了，禪師還是繼續地往裡倒。年輕人看見，迷惑地說：「師父，茶滿了，不好再繼續倒了。」

禪師淡然一笑說：「你也知道滿了不好再倒了？想一想，你不就像這只杯子一樣，裡面裝滿了你自己的想法。你不先把自己的杯子倒空，叫我如何向你說禪呢？」年輕人恍然大悟，明白了其中的道理。

單單的一個簡單的「滿」字，說出了年輕人的病症。這位年輕人心裡裝滿了許許多多事，他什麼都想做，結果他什麼也做不成，就像那盲目的掘井人，雖然四處掘了井，卻到最後一刻也沒掘到底，因為三心二意，他是永遠找不到水源的。

浮躁是現代年輕人的一種流行病，得了這種病，人就會失去自控，老是在潮流中漂浮，沒有自己真正喜歡的東西，剛剛追上一個潮流，一個新的潮流又開始出現，自己還沒搞清楚是怎麼回事時，就又轉頭去追趕另一股潮流。根本抓不住自己想要的東西。

曾經有一位學生在某科學研究單位工作，但是十年前，他卻禁不住誘惑，留職停薪去淘金，他先是在一家公司當了經理助手，後來又與人合作開了一個諮詢公司。本來以為他是很成功的，但過了不長時間，從媒體上他發現自己的一位大學同學因為寫了一部電視劇而快速走紅，成了名人。於是他又想去當作家，所以他離開了諮詢公司，憑著他自己一時的衝動開始寫作，寫了幾個電視劇本，由於他尚未入門，功力太淺，全都扔進了垃圾桶。所有的努力也都白費了。

這些年以來，他總是這山望著那山高，做著這件事，又想著那件事。在忙碌的追求中，就像一只陀螺一樣，我們往往被現實這根鞭子抽打得團團轉。最後我們才發現，自己原想離開這間公司獲得自由，結果卻找不到適合自己的另一間公司，從而失去了屬於自己真正意義上的自由。結果到頭來什麼都沒有做成，徒留遺憾。

浮躁的原因有很多種，一般來講，都是由於所要和所想的太多，而一時達不到目的所造成的。有句話說，目標多了，反而卻等於沒有目標。浮躁雖然算不上什麼大病，但它卻能傷害人的健康，剝奪人的成功。從而讓你一生碌碌無為。伏爾泰說：「使人疲憊的不是遠方的高山，而是你鞋子裡的一粒沙子。不管做什麼事情，我們都要輕裝上陣，不要理會那些雞毛蒜皮的小事，也就不會出現什麼小小的煩惱。」浮躁正像那煩人的「小沙子」，看似微不足道，但卻能無休止地消耗人的精力，不但讓你煩躁，還讓寶貴的年華在疲於奔命中白白地浪費。現實生活中將人擊垮的，往往不是那些巨大的挑戰，而是自己給自己製造的小麻煩。這樣的例子並不少見，而且不少人都有這樣的體驗，當災難突然降臨時，因恐懼、緊張而本能地會產生一種強大的抗爭力量，然而遇上急躁、輕率和盲從等小事時，反而可能會迷失自己。

四書之一的《大學》這樣說：「知止而後有定，定而後能靜，靜而後能安，安而後能慮，慮而後能得。」所以，「心寧則智生，智生則事成」。在《椒生隨筆》中，清代學者王之春指出：「天地間真滋味，唯靜者能嘗得出；天地間真情景，唯靜者能觀得透。」當然，這些都是走向成功的至理名言。一個人只要懂得通過自我約束，達到內心的寧靜，就能產生智慧，如果浮躁不堪的話，是很難讓自己達到一個境界的，而人一旦有了智慧，就會大有作為，成功也就會變得越來越容易。從二十世紀最傑出的兩位成功者的身上可以得到印證，一個是安德魯・卡內基，一個是愛因斯坦。

想必我們都聽說過這麼一個有趣的故事吧。

卡內基小時候的某一天，跟隨母親來到市場，在一處水果攤前，他眼睛直望著一籃櫻桃，那是他最愛吃的水果。水果攤老闆看見這小男孩長得十分可愛，還一直望著自己的櫻桃，便說道：「小弟弟，抓一把櫻桃去吃，就算我送你的。」卡內基猶豫了一下，並沒有伸手去拿櫻桃。老闆詫異地問：「你不喜歡櫻桃嗎？」

「不！我最喜歡櫻桃。」卡內基小聲回答。

老闆說：「那就抓一把去吃啊，我不收你的錢！」

母親跟著說：「老闆對你這麼好，你就抓一把櫻桃吧。」

但是，卡內基始終沒有伸出手來。這時，老闆反倒覺得不好意思了，連忙抓了一大把櫻桃塞在卡內基的口袋裡。卡內基口袋裡裝滿了櫻桃，他很高興地跟著媽媽走了。

在回家的路上，母親很疑惑，她只好問卡內基：「孩子，剛才老闆讓你去拿櫻桃，你怎麼不敢伸手去拿呢？」

卡爾基笑著回答說：「我當然想拿了，只是……老闆的手比我的大，他一把能抓好多櫻桃呢。」

雖然當時他的年紀尚小，但卡內基卻能控制自己一時之間的急躁，不讓想要得到櫻桃的欲望戰勝自己的理智，最後終於獲得了更多的櫻桃。他長大後，無論是當紡織工人，還是當鋼鐵工人，總是根據自己所處的環境和低微的地位，努力塑造最佳的自己，在成功的道路上一次又一次地創造奇蹟。

「不求一步到位，但求步步到位」便成了他做事的原則。正是具備這種良好的冷靜、沉著和耐性，使卡耐基從一個普普通通的工人，最後變成了「鋼鐵大王」，成了世界的巨富之一。

我們常常說：心想事成。但這好像是一個夢想，不成功的原因是什麼呢？原因是不是我們想太多了呢？想得太多了，就會影響成功，讓我們在成功的道路上經歷很多的磨難。愛因斯坦有位好友叫貝索，被譽為「相對論的助產師」，他知識淵博，思想敏捷，有時候會得到很多人的愛戴，可惜的是他一輩子也沒有什麼突出建樹。因為他常常思想很難集中在一件事情上。在一件事尚未完成時，馬上又想著另外一件事。與此相反，愛因斯坦的知識未必超過他，但是愛因斯坦能一心一意地圍繞自己的研究，能夠讓「寧靜」撫慰自己的心靈，能進行更深入地學習思考，所以愛因斯坦才能取得舉世矚目的成就，繼而成為了二十世紀最偉大的成功者。也可以說，他的「相對論」等同於「聚精會神的產物」。

不管是平時的生活中還是我們的工作中，學會專心，能讓自己在平常的生活中或者是工作中心平氣和，就能戰勝浮躁。當你遇上煩躁之事時，當你不知道該做什麼的時候，建議你什麼也別做，你應該先停下來，集中精力去洞察一下自己的內心世界，先心平氣和地想想自己正在做什麼，再想想自己要做什麼，為了什麼，又有何價值？然後你再問問你自己：「什麼才是你人生中最主要的成功？你真正想要的是什麼？」或許這樣你就可以集中精力洞察你的內心世界了。如此，擺脫心中不大重要的事情，擺脫不切實際的幻想，當你遇上煩躁之事時，就不會迷失自己，也不會找不到自己的定位。當然，這樣的話，你的成功之路也會馬上走出來的。

30. 臉皮厚是處世法則之一

臉皮厚是心胸開闊，是勇敢自信的表現，是心理健康的體現，是處世法則之一，也是人生一帆風順的通行證。

如果一個人臉皮厚，他就有足夠的膽量能自我平衡、自我肯定，也就不必依賴「面子」來支撐人生的骨架。透過對眾多案例的分析，臉皮厚在處世方面至少包含了以下價值，這些價值對於一個人的人生與事業的成功具有不可估量的作用。

⑴健康

對於臉皮而言，必定程度的「厚」是健康的前提，「薄」是不健康的表現。現代心理學已證明了這一點。臉皮的產生是源於外界的壓力和刺激。這些壓力和刺激對於每個人來說都是不可避免的，也是必需的。如果缺乏這些壓力和刺激，那麼一個人智力的發展和人格的形成就會受到影響，出現智力遲鈍和人格偏離。但是，如果這些刺激或壓力過於頻繁、強烈，而一個人又不能在心理上作出適當的反應，就會破壞人的心理和生理平衡，危及健康，危害人的社會交往。大凡臉皮「薄」者，都缺乏自我肯定能力，對於外界環境的依賴性過強，因而，心理變化總是隨著外界環境的變化而變化，缺乏穩定性，缺乏緩衝區，這必然會成為各種心理疾病的誘因與病源。而「臉皮厚」者，自我肯定能力強，自我平衡能力強，具有良好的心理防衛機制和調節能力，因而可以經受得起任何的外在衝擊，保證自我的情緒穩定，可以為其健康與事業的成功提供堅強的保障。

⑵勇敢、堅強

臉皮厚的人，一般心理承受力會比較強，對別人的批評和指責都能勇敢面對，在遭遇挫折和失敗時，也會表現得非常冷靜，他們為什麼能夠如此？原因就在於他們依靠自我肯定來實現心理平衡，外界的評論與打擊只能對他們造成些許衝擊，但卻不能動搖其自認為正確的價值。所以，當他們丟臉時，總表現出某種出奇的忍耐精神，絕不會張惶失措，也不會痛哭流涕和情緒失控。

美國總統歷來是以臉皮厚而著名，在競選的過程中他肯定會面對到無數的非難，但即使是在臭雞蛋滿天飛的情況下他仍需面帶微笑，保持風度。所以，美國總統的性格都比較堅強，敢於面對令人難堪的局面。馬辛利總統就是這樣一個人。有一次，因為一個用人問題，他遭到一些人強烈的反對，在國會會議上，有議員當面用粗魯的言語謾罵他。他雖然十分憤怒，但卻極力忍耐，沒有將怒氣表現出來。他鎮定地坐在位子上洗耳傾聽，等對方罵完了，他才用溫和的口氣說道：「你現在的怒氣應該比較平和了吧，照理說你是沒有權利這樣質問我的，不過現在我還是願意詳細解釋給你聽……」他這種高度忍耐的姿態，使那位議員羞紅了臉，矛盾立即緩和了下來，結果，馬辛利說服了這位議員，達到了自己的目標。

⑶心胸開闊

臉皮厚的人，自我平衡能力強，因此能經受得住各種各樣的外部刺激，並且對之作出合理的解釋，保持穩定平和的情緒。他們總是不拘泥於「面子」上的得失，而是從大地方著手來理解事物發生和發展的本質與規律，因此，在面對挫折與失敗上，他們往往表現出一種看得開、望得遠、想得通、丟得下、耐得住的思想境界。而這種包容性正是心胸開闊的表現。凡心胸開闊的人。勝則不驕，敗則不餒，及至榮辱不驚之境，則必能有所作為。

史帝文森曾連續兩度競選美國總統，兩次皆輸給了艾森豪，這是件很丟臉的事。但他卻有足夠的胸懷和充分的幽默來正視自己的處境，所以，競選失利不僅未壓倒他，還增添了他的個人魅力。從他在得知競選結果後答覆朋友詢問的話中，我們就可以感受到他寬大的胸懷。一九五二年，史帝文森第一次競選美國總統失敗，他的朋友在和他談到失敗問題時，史帝文森的回答是：「除了我還有誰會與艾森豪較量呢？」四年後，史帝文森再次被艾森豪擊敗，朋友又給史蒂文森發來了表達關切的電報，上面寫道：「現在心情怎麼樣？」史帝文森的回電很快就來了：「除了我，還有誰會與艾森豪做兩次較量呢？」他並不以自己的失敗為恥，反而以自己敢於和強勁的對手做兩次拚鬥為榮，這就是寬大的胸懷，也就是臉皮厚。

⑷自信

臉皮厚的人會對自己做出很高的評價，對自己的優點和特長有著充分的肯定與認識，如此一來，別人的議論或批評便只能成為他認識自我的一種參考，而絕對無法替代其自己的判斷。因此，他們對於別人的冷落、攻擊或辱罵總能保持一種冷靜的審視，自信像一道厚厚的牆可以防止心靈因此受到傷害。所以，臉皮厚的人甚至可以在「沒有面子」的環境下長期生活，並且從容不迫。因為他們的心靈是高度自治的，他們不需要依靠從外界獲取的能量來保證自我心理上的正常運轉，他們靠的只是自信。

在《三國演義》中，也有一齣「孔明罵死王朗」的好戲，這其實就是一場心理戰，考察的是一個人的臉皮厚功夫。那是在西元二二七年，孔明兵出祁山，曹真率兵迎戰，二軍對峙於祁山之前。在決戰前，雙方先來了個「罵陣」。王朗先策馬陣前。勸孔明投降，他說：「你通達天命，亦識時務，為何要毫無理由地挑起戰爭？要知道，天命有變，帝位更新，歸於有德之士，這是大自然攻不破的道理……」接著便大讚曾操一番，指出順天者昌，逆天者亡的道理，勸孔明一行還是快點歸順大魏。王朗也是能言善辯之士，他以理勸誘，使蜀軍兵將不覺動客。參謀馬謖認為，王朗不過是效法從前季布大罵漢高祖，試圖以氣勢破敵。王朗說完，孔明卻哈哈大笑，朗聲斥道：「你原是漢朝元老，我還以為有什麼高見值得洗耳恭聽，沒想到，說出來的卻全是混帳話……此次，我奉君命出兵，旨在討伐逆賊，大義分明，日月可鑒。你膽敢站在陣前，厚顏無恥地大說天命如何，簡直是荒謬透項。你這個皓首匹夫，白鬚叛賊，想必即將奔赴冥府。到時候，你有何面目，見漢朝二十四帝？你且快快滾到一邊，派出別人來一決勝負吧。醜惡如你，哪有在此撒野的資格？」孔明一說完，王朗就口吐鮮血，落於馬下，當場斃命。

王朗是被氣死的，也能說是因為面子丟得太大而死，更可以說是因為臉皮太薄而死。王朗臉皮之所以薄，是因為他不自信，雖然他也講人應順應歷史的規律而行事，但他在骨子裡更害怕「叛臣逆子」這個惡名，一旦被別人揭了傷疤，說到痛處，便羞恨交加，失去自我平衡的能力，導致猝死，而孔明之所以能面對斥責而依然鎮定眾容，則在於他的自信，因為他相信自己的選擇，也相信自己可以智取王朗，刀不血刃而震碎敵膽。由此可見，自信與否不僅可以決定臉皮之厚薄，還可以決定事情之成敗。也就是說，沒有自信臉皮便厚不起來。而臉皮厚的人要有自信。

⑸智慧

以「面子」的大小有無來衡量事物的臉皮薄者，他的標準就是純理論型的；而臉皮厚者，以結果之成敗得失來衡量事物，他的標準是務實型的。舉凡有智謀的人，臉皮必定厚，因為他自知玄機，對事情發展的良好結局充滿自信，所以他們可以忍受一切，包括「最沒面子」的情形。而臉皮厚的人，也往往是良謀在胸或是有「滿肚子的鬼點子」，自有一套自認為佳的生存哲學與處世法則。

美國大資本家老范德比生前得罪了許多人。怎樣才能讓他的「金錢帝國」在他死後不會遭到攻擊呢？他苦苦思索。最後想出一步好棋。

范德比任命他的長子威廉做為繼承人，他的次子傑姆於是就此悶悶不樂，行為放浪，經常向范德比的老對手——紐約《論壇報》的主編格里萊借錢，前前後後總共借了上萬美元。范德比早就知道這件事。有一天，他闖進了格里萊的辦公室，咆哮著說：「你沒有徵求我的同意就借錢給我的浪蕩兒子，我坦白告訴你，你別指望我會替我兒子還這筆債。」格里萊大怒，他叫道：「滾出去！你不覺得你的話會弄臭我的辦公室嗎？」老范德比回家後對大兒子說：「格里萊一向總愛罵我，不管我有沒有得罪他，他都會藉機罵我，所以我索性今天大大地得罪了他。但你要記著，我只能控制錢，不能控制人心，而格里萊可以控制人心，所以你必須借助於他。今天我給你製造了一個機會。在我死後，你就到格里萊那裡登門道歉，你可以在他面前大罵我是烏龜王八蛋，罵得愈起勁愈好。反正我死了，怎麼罵都可以，反正我也聽不見，但你絕對要讓他成為日後可以幫助你的人。」

老范德比死後。威廉依照他父親生前的計畫，登門拜見了格里萊，以十倍的利息付清了弟弟傑姆的欠債，他說：「我父親對您的失禮，我認為即使用百萬美元也不足彌補。我現在奉上這筆款項，既作為還弟弟的債，也作為我父親對您失禮的賠償。」不出所料，范德比死後不久，他的死對頭古爾德便在報紙上對威廉大肆進行攻擊。可是，這回格里萊的紐約《論壇報》卻按兵不動，古爾德的《世界報》只好住手，草草收兵。

老范德比成為一個商業時代的成功者，其臉皮不能說不厚。但這

「厚」絕對不是毫無道理的厚，而是棋高一著，暗施計謀。他主動去對手地盤敗壞自我形象，並叫兒子在自己死後臭罵自己，都是為了日後替兒子買人情鋪路。可見，臉皮厚的人「面子」總是不白丟的，他們深深了解自己的目標，也十分清楚自己要付出多少代價，他們更懂得怎樣去實現自己的目標，這也就是有智謀的處世表現。

31. 忍耐是種處世方式

一種善於忍耐的處世之道是不慍不火。俗話說：「忍人之所不能忍，才能為人所不能為。」將忍耐視為一種做人的基礎，這是成熟的人所追求的。

白居易是唐代的大詩人，他說：「孔子之忍飢，顏子之忍貧，閔子之忍寒，淮陰之忍辱，張公之忍居，婁公之忍侮；古之為聖為賢，建功樹業，立身處世，未有不得力於忍也。凡遇不順之境者其法諸。」所以說，學會忍耐是很重要的。不過，當忍耐中混進了陰柔，形成了一種與世無爭、相安無事、苟且偷安的處世哲學之後，那麼它就會走向相反的一面。

對此，大師林語堂曾經這樣批判：「遇事忍耐是中華民族崇高的人格特質，凡對有所瞭解的人都不否認這一點。然而這種人格特質流傳得太久，就變成了中華民族的惡習。中華民族已經容忍了很多西方人向來不能容忍的暴政、動盪不安與腐敗的統治，但是中華民族卻理所當然地認為這些也是自然法則的其中一部分。」

確實，若讓忍耐烙上了什麼都不爭、故步自封、保守、落後、平庸、容易滿足、缺乏進取心、老衰退化、奴性、軟弱、過於自卑等痕跡，那麼這樣的忍耐就變了質，那就不是忍耐，而是讓人難受，讓人痛苦，讓人窩囊……

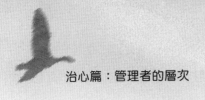

可是，什麼樣才叫「會忍耐」呢？怎麼樣才叫能忍、會忍、善忍呢？將忍耐作為一種謀略，「小不忍則亂大謀」是指忍的原則，「一忍可以抵百勇，一靜可以制百動」是用來指忍的效果。老子對於禍福關係的論述，被後人廣為傳頌，那就是「禍兮，福之所倚；福兮，禍之所伏。」因此，即使身處逆境，置身禍中，也要學會忍，「百忍成鋼」，在逆境中要學會忍，才能成就大事，忍得一時苦，方為人上人。孟子也說：「天將降大任於斯人也，必先苦其心志，勞其筋骨，餓其體膚，空乏其身，行拂亂其所為。所以動心忍性，增益其所不能。」這也就是說，遭受一番苦難，忍一忍，熬過去，就可以接受上天將降之大任了。在困境中甘於承受一切，這種忍耐是達到某一種目標的手段，是為達到某種「大謀」的隱忍，絕不是為忍而忍。當忍耐變成逆來順受、失去抗爭的時候，這種忍耐就會變得毫無積極意義可言。

正確而積極地忍耐，絕不是意味著自我的萎縮，人格的渺小，他只是將可貴的、獨立的自我暫時「隱藏」起來，他仍在默默地做著自己想做的事，仍在悄悄地做著自己想做的事。這種人的忍耐，柔中帶剛，不以犧牲自己獨立人格為前提，不苟且偷生，不窩囊，不好生奴性，所以也就沒有失去忍耐原有的意義。

保存自己力量的重要手段也是忍耐。當敵我之間的力量太懸殊、正義和邪惡之間的勢力差距太大時，忍耐，便作為一種最為明智的退卻手段，不硬拚，不消磨自己的元氣，而是把力量慢慢地蓄積起來。所以這種忍耐，絕不是對勢力的妥協與投降，一旦時機成熟，你的羽翼豐滿了，翅膀硬了，爪子利了，就可以猛然一擊，乘其不備，讓惡勢力徹底消失，永不翻身。

《菜根譚》有一句話是這樣說的：「處世讓一步為高，退步即進步的根本；待人寬一分是福，利人實利己的根基。」忍住自己的私欲、怒火，實際上就是在幫助你自己成就你的大事業。

如果你還是不知道確切的忍耐為何，那就效法唐朝詩人張公的《百忍歌》吧，要想學會忍耐，學會不惱不火的處世之道，就要做到如歌中所說的：

百忍歌，歌百忍，
忍是大人之氣量，忍是君子之根本。
能忍夏不熱，能忍冬不冷。

能忍貧亦樂，能忍壽亦永。
貴不忍則傾，富不忍則損。
不忍小事變大事，不忍善事終成恨。
父子不忍失慈孝，兄弟不忍失愛敬。
朋友不忍失義氣，夫婦不忍多爭競。
劉伶敗了名，只為酒不忍。
陳君滅了國，只為色不忍。
石崇破了家，只為財不忍。
如今犯罪人，都是不知忍。
古來創業人，誰人不是忍。

作為一種老道的處世方式，「忍」並不等於消極躲避，也不等於甘願受欺。它是一種韌性的戰鬥技巧，也是一種韜光養晦的鬥爭方式。

32. 遇到不高興的事要淡定

當人遇到不高興的事情時，常常怨恨，繼而口出怨言，在這種惡性循環的影響下，「情」鬱於中，自然要發之於外，但這對於人的成長是不利的。

豐富的想像可以幫助我們消除這種心理弱勢，以至使它達到一定的平衡。比如你和女朋友分手了，不妨想「我這次『考試』沒通過，下次再『補考』」；比如在平庸老闆的監視下工作，你覺得備受壓抑，不妨想「有朝一日我開公司就請你來當小職員」……曾經有一些外國的工廠，利用工人對工作的的不滿心理創辦了「出氣俱樂部」，提供工頭、經理的假人像，讓工人任意打罵、出氣，這麼做都是為了消除工人們的怨氣，從而提高他們工作的積極性。

漫漫人生路，有失必有得。俗話說的好：「塞翁失馬，焉知非福。」暫時的失利並不意味著永遠的失敗，明智的人應該從中汲取教訓，走出陰霾，繼續努力，直到成功。如果，一種職業因某種原因做不成，則應該在客觀條件許可的情況下轉行，並且努力奮鬥，使願望得到滿足。

在這個殘酷的社會裡，我們的付出和回報往往不能形成正比。而這要求了我們保持一種積極心態，走出消極的心理地雷區，使社會多一份溫暖，少一份冷淡；多一份關懷，少一份責備。

一個人成功的過程就等於是一個不斷積累人脈資源的過程，而人脈資源的積累則來自良好的人際交往過程，但因世人存在著許多冷漠與虛偽，使得一些人在交往中不斷受到挫折，承受了不少壓力，最後，他們不願意交際的念頭便產生了，而正是這些念頭讓他們喪失了成功的機會。

在社會上碰壁是很正常的事，然而，許多人碰壁後就開始投鼠忌器，疑神疑鬼，畏縮不前，這樣的人就不大可能會獲取成功。

33. 遇事冷靜，三思後行

我們都很熟悉的發明家愛迪生曾說過：「有很多我自己認為對的事情，經過了一番實踐，才知漏洞百出。由此，任何事情，不管大小，我都不能太早下定論，而是要經過一番思考與實踐才可以確定。」

可在現實生活裡，我們常常會發現有些人在決定一件事情時，總是十分草率，他們那樣做的時候，總是沒有想到這麼匆促的決定，是否會為自己帶來十分嚴重的後果。所以每當出現嚴重後果時，他們又會後悔不迭，給人留下一種魯莽毛躁的印象。假如他們遇到事情時能多做考慮，仔細權衡，雖然不能保證他一定就會成功，但至少失敗率不會那麼高，也就不至於會輕易給人留下不穩重或是不可靠的印象。

每個人的未來都是無法預知的。因此，很多事情的成功與否取決於你在完成這件事的過程裡，你是小心謹慎還是十分毛躁。有些人之所以失敗，就是敗在做事之前缺乏思考。他們對事情的考慮不夠全面，只為了做得快，完成快，結果失敗來得也快。而那些頭腦清醒的人在經過周密考慮以後，才會採取行動，而且從頭到尾都非常地小心翼翼。因此，他們能獲得成功也不是什麼大驚小怪的事。

有一位報社的記者，受上司之命去採訪一個事件。原本這次採訪工作十分困難，當上司問他有沒有問題的時候，這位記者卻不假思索地拍著胸脯回答道：「沒問題，我可以，而且一定會做到讓您滿意！」

可是，經過三天，訪問卻還沒有任何動靜。上司追問他進展如何，他才老實地說：「沒有想像的那麼簡單！」當著他的面，上司雖然沒說什麼，可是對他的印象早已大打了折扣。馬上認定他是一個做事草率的人，並且開始對他有了反感。因為他訪問工作的延誤，導致整個部門的工作進度都不能正常地完成。之後，只要有非常重要的工作，上司就再也不敢交付給他了。

這就是典型的做事以前，欠缺考慮、魯莽行事的下場。假設他當初在上司交給他工作的時候，先仔細思考分析一下它的難易性，接著明確地告訴上司，並提出比較好的採訪方案，即便晚了幾天，上司也能夠理解的。但當時他沒有那麼做，而是先討好上司，輕率地沒做任何考慮就攬下工作，最後才落得工作沒做好而且還被冷落的後果。

當你遇到困難或是問題難以一時決定的時候，就不能盲目行動，而是應該仔細地思考，慎重研究一番。等你對這個問題分析透徹，並且也充分地掌握了解決方法時，再做決定也為時不晚，因為這時你已經無所顧忌，並且能夠專心地解決問題了。

做一件事，成功或者失敗，取決於你對這件事實際情況的瞭解程度。切記不能在對事情完全摸不著頭緒時，便急躁不安，草率行事。在很多時候，遇事多加考慮，大則能夠避免出現一些意想不到的差錯，小則能夠避免很多根本就不會出現的麻煩。

在想事情的時候，你還要注意思維層次中的積極與消極成分，思維積極的人遇到事先想辦法，消極的人遇到事先抱怨，先發洩情緒。從思維的層次上而言，消極的人在遇到事情的時候就會不顧他人的考慮，先把自己的情緒發洩一番，以至於有時在遇事時，就出現頭大，茫然不知所措的情況，之後具體操作起來就只有丈二和尚摸不著頭腦的情況，或是只解決眼前問題而不顧將來，以至於為將來埋下更大的隱患。

可是積極的人，遇到事情總是能對情況做全方面的考慮，他們會先清楚的瞭解問題的來龍去脈跟細節，並把事情現在與將來發展的可能性也一併算進去，只要是有可能造成錯誤的所有細節，他們都會做一個很透徹的瞭解，並且能夠有系統地提出解決的方案，直到自己有把握把這個問題解決的時候，才會展開行動。這是思維層次所引發的問題，想要提高思維層次就要把思維當做是一種生活習慣，在不斷的思考裡提高自己的力量。

但是當我們在生活裡遇到事情，大部分的人卻總是無法清楚的整理思維，在接受某個任務、某個工作安排，或是答應幫別人做事的時候，有思考習慣的人應該是回答對方說：「這事先讓我先考慮一下。」

有一位家庭主婦，她的朋友介紹她到某個銀行去存錢，這個主婦就對她的朋友說：「我不太了解這家銀行的信用狀況，讓我先考慮一下好嗎？」

利用考慮的這段時間，這位主婦有系統地搜集關於這個銀行的資訊，並在新聞台播報的一個財經聚會上看到了這家銀行的董事長。主婦看出這個董事長精神不振，不是一副事業得意的模樣，於是主婦從這個小細節裡，判斷這個銀行其實不景氣，所以她把錢存進了另外一家銀行，事後沒多久，朋友介紹的那家銀行就倒閉了。

假設這位主婦遇到事情不先思考，輕率地聽朋友的話把錢存進那家快要破產的銀行，其後果可想而知。

遇到事情多留點心，多考慮一段時間，尤其是當你碰到自己拿不定主意的事情時，要先問問自己：該考慮的問題是不是已經都想到了呢？是不是還有哪些遺漏沒有想到呢？這件事是否可行……在對待問題的時候，一定要做出理智的選擇。只有如此，你才能事事順心，才會成為一個成熟穩重的人。

34. 好習慣成就完美人生

很多人在說話的時候都會有一些不自覺的口頭禪或習慣。有的人會不停地摸自己臉上的某個部位，比如下巴或頭髮等。有的人會習慣性地用拇指和中指來回蹭鼻子、有的人會不停地搓手。但有些更誇張的人是，與別人對談時習慣展現自大、蠻橫、無禮的態度。

粗俗的習慣使人反感，而且難以取得他人的信任和合作，這些人在事業上會處處碰壁。一個脾氣古怪、態度惡劣的人，是沒有人願意跟他打交道的。不管能力多大，他都不會有多少發展空間。而一些學識淵博、才華洋溢的人往往會有個疑問：「為什麼我爭取不到好的地位？」因為他們尚未意識到自己身上有一些不討人喜歡的缺點。如果沒有自知之明、不改正壞習慣，做起事來就不會順利。

儒雅的風度、良好的氣質，會對年輕人的未來產生十分有利的影響。一個有良好風度的年輕人，任何人都願意與他交往。一個態度端正、衣著得體、行為規矩的人，即使相貌平平，甚至身有殘疾，仍然會擁有很好的人生。

著名金融家喬治•皮博迪，年輕時曾在一家商店當店員。有一天，他接待了一位老婦人，老婦人要的東西，皮博迪在店裡都找不到。

他笑容可掬地向老婦人道歉，還帶著她到別間店去找，終於幫她買到了想要的東西。沒想到一件小事竟然讓那位老婦人感激了一生。臨終前，老婦人在遺囑中列下了一項條款，對皮博迪先生這種以禮待人的良好品德給予了相應的報答。

根據調查，四種品格好習慣——守時、守信、堅定和迅捷。對於造就完美人生會產生非常重要的作用。

沒有守時的習慣，你會浪費時間、耗費你寶貴的生命；

沒有守信的習慣，你會失去他人的信任；

沒有堅定的習慣，你不可能把事情堅持到成功的那一天；

要想獲得成功，你就一定要下定決心、全力以赴地去做。手頭上的工作應該要集中全部精力去完成，即便寫一封信也要如此。如果沒有堅定的好習慣，做事拖拖拉拉，你只會一事無成。

世界上不少的失敗者，其實他們一生中沒有犯過什麼大的過錯，只是由於本身的懦弱和無能，所以最終導致失敗的命運。他們做事往往半途而廢，遇到挫折就動搖，缺乏堅定的信念，沒有持久的忍耐力。這些人如果做每件事都抱著持之以恆的態度，前途應是一片光明的。

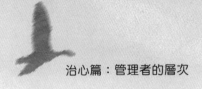

至於機會，很可能會因為你沒有迅捷的習慣，與你擦肩而過，永不再來。

優柔寡斷、猶豫不決無論對成功還是對人格修養都有著嚴重的傷害。優柔寡斷的人遇到事情，總是習慣「先放在一邊」，之後想到它時，又反覆權衡、左右考慮，不到山窮水盡時不敢做出決定。久而久之後，他變得不再相信自己。由於這一個壞習慣，他原本所具備的能力也會跟著退化，性格也會受到負面的影響，說話變得慢慢吞吞、步伐變得懶散無力、眼神和精神都變得無精打采。

一個萎靡不振的人，走路喜歡晃晃悠悠，風一吹就倒，毫無朝氣，呆頭呆腦，這種形象很不討人喜歡，難以獲得別人的信任和幫助。造成這種狀況的因素，除了自己內心的消沉，可能還受到周圍的影響。年輕人一定要警戒，千萬不要與那些萎靡不振、沒有志氣的人接觸，一個人一旦有了這種壞習慣，就算後來幡然悔悟，生活和事業也一定會先受到很大的挫敗。

一個做事果斷的人，發展機會比那些猶豫不決、模稜兩可的人多很多。所以，請儘快拋棄那種遲疑不決、左右考慮的不良習慣吧！它會讓你喪失一切原來的自我主張，讓你無謂地消耗精神，所以你要和過去的壞習慣說再見。

我們看到平常正直誠實、彬彬有禮的人犯罪，都會感到很驚訝。如果我們能夠看到那個人的神經系統和大腦中顯示的他的生活習慣與發展規律，那麼，我們就會發現，一條彎彎曲曲的小徑從一開始就出現了，那條彎彎的小徑帶來了一些看似無關緊要的不良習慣，但正是這些行為直接影響他們今天的犯罪。其實所有專業理論都建立在此基礎上：如果神經系統對習慣的刺激變得越來越敏感，也許人們就能越來越快地做出回應及應對。

社會上有很多人常試圖教育那些犯罪的人，讓他們以為光靠意志力就能洗心革面、重新做人，但卻不向他們描述個性重建的艱苦過程，那麼，不管對他們還是對我們，都是一件既不現實又不人道的做法。畢竟，習慣是很難輕易被根除的。

事實上，我們今天的所為不過是對過去的重複。除非你具有非凡的意志力，否則即使你下定了決心去改變，明天這樣的情形還是會繼續重現。

一位常常備受惡習折磨的人這樣抱怨：「我曾無數次地立下誓言，如果我能夠成為一個道德品行高尚的人，那麼我甘願放棄我的整個世界。但是不到二十四小時，我又會因為誘惑而繼續犯罪。」

通常人們不會告訴那些性格扭曲的人：改變性格的嚴峻鬥爭仍然就在他們面前，考驗還遠遠沒有完成，他們必須堅持進行長期的、艱苦卓絕的戰鬥，用無比虔誠的心態和無比堅定的意志力去控制自己的行為，他們必須下定很大的決心和以往的壞習慣決裂，才能為形成更良好的習慣奠定堅實基礎。因為沒有人告訴他們，所以無論那些犯罪者付出再大的代價，在某些鬆懈的時刻，一些陳舊惡習的開關仍然可能會不小心被啟動，沉澱在心中的醜陋欲望還是會潰堤而出，往往可能在他還沒有意識到這一個問題之前，自己已經再一次屈服於惡劣舊習慣的誘惑中。

有人認為壞習慣能夠輕而易舉地被克服，所以就姑息它，但經過一段長時間，壞習慣會像鎖鏈一樣纏繞著他，只有靠堅強的意志、反覆做出正確的行為、經歷一個艱苦的過程才能徹底糾正。

打個比方，壞習慣就像一棵長彎了的小樹，你不可能一下子把它弄直。如果你想要徹底地糾正它，你必須搬來兩塊大石頭，把這棵小樹夾在中間，然後用繩子捆緊。因為它不是一朝一夕可以糾正的，可能需要幾個月，甚至一兩年的時間。

「我怎樣才能改變一個壞習慣？」常有年輕人這麼問道。

唯一的答案只有：你當初怎麼養成這個習慣，現在就要怎麼去糾正它。

如果以前你一步步墮入了惡習，現在就一步步走出泥沼。

如果以前你屈服於誘惑，現在就堅定地拒絕它。

凡是渴望成功的人，都應該要對自己日常的習慣做深刻的檢討，把那些妨礙成功的惡習統統找出來——譬如急躁不安、舉止慌亂、言語尖刻、不守信用、萎靡不振等等，要勇於承認自己身上存在的不良習慣，不要找藉口搪塞。把它們記下來，對照它們引起的錯誤，想想今後應該怎麼改善。如果你想要獲得巨大的收穫，你就一定要能持之以恆地糾正它們。

悟心篇

感悟真實的自己

世上的一切都需要感悟，
只有回歸到心靈的深處，
才能真正地認識自己。
我們要感悟自己，
從最深層出發，
瞭解自己，
突破自己。

35. 正確地認識自己

茂密的森林裡住著一隻個性開朗的烏鴉，牠很喜歡唱歌，但是牠的嗓子不好，唱出來的歌總是讓人不敢恭維。

有一天，烏鴉收拾家當準備搬家，恰巧遇到了牠的新鄰居喜鵲。

喜鵲不解地問：「烏鴉，你這是要到哪裡去？」

烏鴉指著東邊說：「我要搬到那片樹林去。」

喜鵲十分驚訝：「這裡住得不是挺快樂的嗎，怎麼突然要搬家？」

烏鴉喪氣地說：「喜鵲你有所不知啊！這裡的人都討厭我的歌聲，說我唱歌太難聽，所以我決定要搬家離開這裡。」

喜鵲聽完，語重心長地對烏鴉說：「其實需要改變的不是你的住處，而是你唱歌的聲音。如果你不改變唱歌的聲音，就算你搬到東邊的樹林裡，那裡的朋友也一樣會感到厭煩的。」

剛步入社會的大學生，往往有著心高氣傲的壞習慣，自己的工作沒做好，沒得到上司的提拔與重用，就開始埋怨公司環境不適合自己，或者埋怨同事對自己嫉妒跟排擠，於是就不斷地跳槽，希望可以找到一個讓自己安身立命、大展身手的公司。其實那些都只是自欺欺人的藉口，問題的根本不在於外界，而在於自身。論經驗你比不上那些老員工，論能力你比不上公司裡的那些菁英。相較之下，應屆畢業生有的只是青春和那套自我理論。如果你不懂得從自己身上找出問題發生的原因，無論你走到哪裡，都還是會犯同樣的錯誤，導致最後落得頹靡不振的窘境裡。

諸子百家時期，老子就曾說過：「知人者智，自知者明；勝人者力，自勝者強。」用白話解釋，就是說能夠正確認識別人的人是有智慧的，而能正確認識自己的人是聰明的；能戰勝別人的人，只能算是有力氣，而能戰勝自己缺點的人，才是讓人仰慕的強者。

因此，只有真正認識了自己，瞭解了自己，才會正確的確立自己的發展方向，確定好自己的奮鬥目標。一個不能全面認識自己的人，註定是一個不能正確評價自己的人，而不能正確評價自己的人，在學習中、工作中，在與人們的交往中，心態上就很容易出現兩種極端的缺點：一個是妄自菲薄，自卑自賤；另外一個則是自我膨脹，妄自尊大。而自卑與驕傲的起因都是因為不能正確地認識自己。

身處在職場中，你必須要懂「個人力量有限」的道理，縱使你有超凡的能力，也不可能讓整個公司的文化環境來適應你一個單獨個體，你應該依據公司的文化來不斷調整自己，使自己儘快融入到大家庭中去。人貴有自知之明，但能做到的卻為數甚少。

「人啊，認識你自己！」這是古代哲人一直面臨的難題，也是留給我們攻克的難題。可見「自知」多麼不容易，這需要正確地自我觀察、自我判斷和自我評價。

現在的社會生存壓力和工作壓力很大，總是有做不完的事情，如果你不能自知，總是不自量力地承擔超出能力之外的任務，最後不僅會影響工作效果，而且可能會因為過度疲勞和心理壓力而罹患疾病。不少人對自己的優點、缺點、興趣、氣質、性格等缺乏自我瞭解，要嘛不自量力、夜郎自大，要嘛過分自卑怯懦、喪失信心。其實要避免這些情況說起來並不難，只是需要每個人對自己做出恰如其分的、客觀的估價，既不狂妄也不妄自菲薄。對自己擁有的特長與優勢，給予適當的表現和發揮；對自己存在的不足與缺陷，要勇於承認，並且努力彌補。一定要防止過高或過低地錯估自己的能力，一切都要從現實的實際面出發，根據自己的真實情況作出準確判斷。

36. 貫徹自己想法的行動力

每一個人都有自己的想法，然而，在他們擁有自己想法的同時，常常會遭到別人的非議，如果他們不能堅持做下去，而聽信了那些人云亦云，到頭來，就如趨之若鶩一樣，不會有什麼特別顯眼的地方。

小時候，成為一名有聲望的藝術家是張嘉偉最大的夢想。他最想要從事的是和傳媒有關的事業，他認為這種工作富有幻想與情趣。

在他十四歲時，父母為他與妹妹薇薇一起報了一個藝術學習班。學期結束時，他們的指導老師就對他們的母親說：「張嘉偉不太適合藝術這一類的課程，他的天賦在這方面十分有限，但是妹妹薇薇就不同了，她靈活、聰明、且悟性很好，是個學藝術的好人才，和薇薇比起來嘉偉就差得很遠了。」

張嘉偉聽到老師的評價後，感到十分失望。大家都勸他放棄做藝術家的夢想，況且張嘉偉根本不是做藝術家的材料，所以有好多人都開始嘲笑他。

一段時間，張嘉偉非常失落，但是不久後，他又重新站了起來，他決定要按照自己的想法去做，不被別人的言語而左右。所以，張嘉偉將別人的嘲笑與老師的批評變成了動力，準備為自己的理想而奮鬥。因為他相信，既然自己有了做藝術家的夢想，努力去實踐它，就一定會有成功的機會。

許多年後，在張嘉偉的作品展覽會上。許多出神入化的傑作令人讚不絕口，可在眾多讚揚中他最想聽到的是出自他啟蒙老師之口的評價。最終，原先評價他沒有天賦的老師熱情地握著他的手告訴他說：「你的鋼筆畫太富有想像力了，原來我還是錯了，低估了你的實力，你做到了，我不得不承認，你在藝術上的確有天賦而且有一定的造詣。」聽到老師的道歉與讚揚，張嘉偉終於露出了爽朗的笑容。要是他當初不按照自己的想法做下去，而誤信了老師的言語，那麼張嘉偉夢想成為一名藝術家的願望就永遠只是一個泡影。

有的人常擁有很好的想法，也能將他們的理想說得天花亂墜，可是一到實際行動便退縮下來，這或許和他們的實際行動能力有關。但如果缺少了行動力，再美好的想法與宏偉藍圖到頭來還是一場空。

有些大學生夢想畢業後做一個了不起的人，也許是作家、也許是體壇健將、也許是美術家、也許是外交官，諸如此類。可是，一踏進了社會，他們的行動力就停了下來，遇到事情總覺得這也不行、那也不行，從而否認了自己的能力。一旦他們那樣否定了自己，他們最初的美麗夢想就可能永遠只是一個夢想了。

其實，無論是作家還是體壇健將、美術家、外交官，都是有可能會實現的，不過，這就需要按照你最原始的想法去做，你有了想法，就應該努力把它實現。空談是無濟於事的，任何人都可以成為某一個行業的菁英，但如果他固步自封，整天沉浸在幻想之中，他所有的美好願望與夢想中的宏偉藍圖，有誰能幫他實現呢？

我們處在一個講求行動力的社會，每個人或多或少都有希望和夢想。夢想固然美好，但如果不去按照最初的想法去做，夢想就會變成了泡影。到最後傷心的還是自己。讓我們試著想想看，與其到最後失望，還不如把握好現在，你想到了，你做到了，所有的一切都會變成現實，哪怕是可能性很低的事，有時候在你的努力下，也會有奇蹟出現，那些常人難以想像的事，如果你做到了，你就是成功的人。

所以，只有你心存目標，清醒地知道自己是誰，不受別人意識的支配，知道自己該去哪裡，該做什麼，並按照自己的想法去做，那些別人認為你不能實現的事情，最終都會在你的努力下變為現實。

37. 瞭解自己以對付逆境

在很多時候，人生並不是我們原來想的那樣順遂。我們常高估了自己，導致過度期望就會有失望的時候。現代人情感濃烈而奔放，卻也聚散匆促，其實，悲歡歲月才是人生真實的面貌。生命就是如此，充滿了各種各樣的矛盾，人們的眼睛往往不夠雪亮，無法徹底瞭解自己。

我們對自己的認識要清楚明白，要知道自己的面貌能力原來就是如此，當你真的深刻了解自己之後，對於外在的紛紛擾擾也就會釋然，從而讓心徹底自由。這樣的生活就會比較快樂，在隨緣之中就能「相隨心轉，境隨心轉了。」

美國幽默作家里勒說：「生命就像一部縫紉機，你希望能裁出什麼，那就得放進去什麼。」

當然，你也是這樣的，你所跨出的每一步都充滿著未知與冒險。你要用「心」去過，而不是用頭腦去想。你要瞭解自己，才能在這個充滿了無數驚嘆號的人生更好地去對付逆境，從而更好地樹立自己的人生。

曾經，有這麼一則故事：

有一天，一個女兒對父親抱怨她的生活是多麼的艱難，難到她都不知道該怎麼去應付了，而且她還有一些想要放棄生活的想法。她已經厭倦了生活中的抗爭和奮鬥，總感覺有解決不完的問題。她的父親是位廚師，聽了女兒的話之後，他什麼也沒說，便把她帶進廚房。他往三個鍋裡分別倒入了一些水，然後把它們放在大火上燒。鍋裡的水理所當然的燒開了。

接著，他往一個鍋裡放些紅蘿蔔，第二個鍋裡放些雞蛋，最後一個鍋裡放入咖啡粉，他一句話也沒有說。女兒則不耐煩地等待著，也納悶父親到底在做什麼，這些讓人摸不著頭緒的舉動又是為了什麼。

大約過了二十分鐘後，父親把火關了，然後把紅蘿蔔，雞蛋，咖啡分別裝入不同的杯子裡。這時候他才轉過身問女兒，「親愛的，妳看見什麼了？」

「紅蘿蔔，雞蛋，咖啡。」她不假思索的答道。

接著他讓她用手摸摸紅蘿蔔。她注意到它們變軟了。父親又讓女兒將雞蛋殼剝掉，女兒看到了一枚煮熟的雞蛋。然後，女兒喝了咖啡，品嘗到香濃的咖啡，女兒笑了。她很疑惑地問父親：「爸爸，這意味著什麼？」

他解釋說，「這三樣東西面臨同樣的逆境——煮沸的熱開水，但它們的反應卻是各不相同的。紅蘿蔔入鍋之前是強壯的，結實的，但進到開水後，它無法抵抗或者是不想抵抗開水，於是它變軟了，變弱了。妳看，雞蛋在沒煮之前是易碎的，它只靠薄薄的外殼保護著它內部的液體，但是經過開水一煮，雞蛋的內部就變硬了，也不會碎了。而咖啡粉則很獨特，進入沸水之後，它們反而跟水融在一起，改變了形態。妳從這些事情裡發現哪個是妳呢？」他問女兒，「妳現在感覺生活很難過，妳該如何反應才是正確的呢？妳是紅蘿蔔？雞蛋？還是咖啡粉？」

故事裡的女兒是那樣的。那麼，你呢？你是不是也是那樣呢？你是看似強硬，但遭遇痛苦和逆境後就畏縮的人？還是你原先是個性情不定的人，但經過了逆境之後，反而變得堅強？或者你像故事裡形容的咖啡粉？改變了給它帶來痛苦的開水，並在它達到高溫時讓它散發出最佳的香味。如果你像咖啡粉，那麼你就會在情況最糟糕時，變得更有出息，把逆境看作是逼迫自己前進的一個過程。瞭解自己之後，再問問自己是如何對付逆境。看看你到底是故事裡的紅蘿蔔、雞蛋，還是咖啡粉？

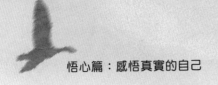

38. 以退為進，顧全大局

在日常生活中，我們經常需要「以退為進」，必須考慮到大局，主動撤退，抓住最佳時機後立刻行動。

要明白，「以退為進」的目的不是「退」，而是「進」。明白這個道理的人，才能凡事都巧妙處理。試想一下，黛安娜王妃既然決定跟男友法耶在一起，並且也已經與查爾斯王子離婚了，她又何必一直對狗仔隊躲躲藏藏？就算躲，也不該讓司機開快車不是嗎？

如果黛安娜王妃懂得「以退為進」，發現自己的車再快，也快不過狗仔隊的摩托車的時候，乾脆讓司機把車放慢，或停在路邊，擺出一副「任你們拍吧」的姿態時，今天或許還能健健康康的健在啊。

蜥蜴斷尾，是為保命。想像有一天，你是個非常有名氣的富商巨賈，但是有持有槍械的仇家要抓你，你帶著家人四處躲藏，最後被敵人包圍的時候，你知道自己無法逃脫，你該如何是好？是帶著一家人出去？還是先打死家人，再自殺？抑或是一個人出去主動投降？

明白「以退為進」的人是聰明人，只有當機立斷，才能使減輕後果。嚴重的後果，可能是敵人追殺你的時候，把你們一家人也殺了。也可能是八卦記者在「挖」你的甲新聞時，順帶挖出了更不想示人的乙新聞和丙新聞……而且，就算這些記者一無所獲，只要你還有甲新聞，他們就會持之以恆，讓你整天心神不寧，而且時間愈久，對你的傷害就越大。這時，如果你「和盤托出」的話，就會使自己的神秘感消失，人們也就沒有知道的欲望了，這時，你就可以走出大家窺視的視線了。你這麼做，也是在「斷尾求生」，雖然甲新聞曝光了，但卻能保有乙新聞、丙新聞不被挖掘，以退為進，絕對是值得的。

我並不主張人們凡事皆退，固然「退」有其作用，但凡事皆退卻會塑造出一種退縮怯懦的個性，並且缺乏與人交鋒的戰鬥性格；雖然可以保全自己，但也會喪失很多機會！因此，「退」是一種手段與權宜，而不是目的與逃避，這是採取退的動作的人必須有的認知。那麼如何退呢？

首先，我們要瞭解「退」的意義與目的。一般來說，「退」有以下幾種目的：

1.解決問題：「退」只是為了換一個角度、換一個方向，或騰出一些空間。好比兩車相逢，有時必須自己先退以讓來車，自己才有前進的可能，或是前進無路，只好後退另走他途。這種退，純粹是技術考慮。

2.保存實力：正面對戰已無取勝可能，而且將耗損自己實力時，知此則可退，以補充戰力。

3.誘敵深入：「退」只是一種策略，主要是使對手進入一個對他不利但對自己有利的戰場，但要追得不讓對手起疑，還須講究一點技巧。

4.以退為進：「退」是一種手段，是一種姿態，也是一種交換，更是一種條件！因此退也可以換取另一種形式的補償。所以在某種情況下，退就是進；若能「退二進三」；那麼退便能獲得更大的效益。

「退」，大有學問，能妥善運用必有大的獲益；倒是當你看到對手進時，必須提高警覺，千萬不要誤認為這是你的勝利，因而得意忘形。這種誤判所導致的失敗常常是措手不及，想都想不到的！

在大多數情況下，以退為進是一種有力的措施，我們要出於顧全大局的考慮，以委曲求全的方式竭力地尋找最有希望的光明之路，甘於知難而退，甘於主動捨棄，忍一時之氣，成就大的事業。

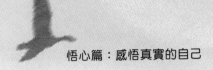

39. 擺脫自卑的束縛

一位農夫有兩個木桶，一個完好無損，一個有裂縫。農夫每次挑水，完好的木桶總能把滿滿一桶水從遠遠的小溪運到主人家，而有裂縫的木桶往往要漏掉半桶水。這只有裂縫的木桶深感自卑和內疚，一方面為自己的裂縫而自卑，一方面又為主人的不嫌棄而內疚，因為它總覺得自己辜負了主人的期望。

一天，它在小溪邊對主人說出自己的心裡話：「我為自己每次只能運送半桶水而感到慚愧。」農夫驚訝地說：「難道你沒有看見每次回家的路旁，那些盛開的鮮花嗎？這些花只開在你那一邊，而並沒有長在另一個木桶的方向，這都是因為你給它們生命之水。如今，這些鮮花已成為沿途最美麗的風景！」

我們常常很容易接受自己的優點，但其實每個人也要接受缺點，自己看得起自己，意思是一個人相信自己存在的價值，認同自己的能力，並在行為上表現出一種與環境和他人積極互動的心理狀態。簡單地說，就是能夠快樂地接受自己的真實面目，包括自己的某些缺陷，並能不斷地進行自我鞭策，使個人生活精彩而有意義。

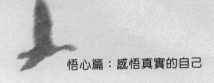

自己看不起自己，那是由於個人對自己的不恰當認識，是一種自卑的消極心理。當我們遇到困難、挫折時可能會感到焦慮、洩氣、失望、頹喪，這就是自卑的心理。一個自卑的人很難有自信，如同一個沒有脊椎的動物，永遠都不會站立起來。他們不相信自己的判斷，沒有主見，對成功也沒有期盼，因此做任何事情都不會付出自己的全部精力，沒有排除艱難險阻的決心和毅力。要改掉這個壞習慣，你需要從三個方面著手：

第一，認識自我

常言道：「人貴有自知之明。」換句話說，對待自我要有一個全面的正確的認識。概括地說，就是分析自己的優點和缺點，以便在待人處世時能揚長避短，使自我的優勢得到更好的發揮。這樣就能慢慢形成一個良好的心態，從而充滿信心，戰勝自卑。

第二，堅信自己

有句話：「真金不怕火煉」，當一個人有了自信之後，他就已經有一隻腳踏在了成功的道路上。要相信自己的能力，學會在各種活動中自我提升：「我不是弱者，我並不比別人差，別人能做到的，我經過努力之後也能做到。」生活對於任何人都不是簡單容易的事，但我們必須要學會堅持，堅信自己對某一件事情具有天賦的才能，這樣才容易成功，而成功之後就會帶給我們更多的自信。

第三，積極交往

有一句話說得很有道理：在人群之中，你只能證明你的獨立；在人群之外，你才能表現你的孤僻。真誠地與身邊的人交往，在與周圍人的交往中學習他人的優點，發揮自己的長處，這樣才能在群體活動中培養自己的能力，避免因為見識短淺而產生自卑感。

莎士比亞曾說：「假使我們自比如泥土，那我們就將真的成為被人踐踏的泥土了。」、「沒有自尊心的人，即等於自卑。」我們每一個人都是獨一無二的、與眾不同的，每一個缺陷都是另一種美麗，既然無法逃脫缺陷，那麼就勇敢地接受自己吧。如果連你自己都看不起自己，那要別人怎麼看得起你？在這個世界上，沒有什麼救世主的存在，只有你才能救自己。

40. 找出問題背後的答案

偉大的發明家伽利略，在十七歲那年的某一天，到天主教堂做禮拜。正當他全身心沉浸在宗教的冥想中，他抬頭看見從禮拜堂高高的天花板上用長鏈掛下來的燈。突然之間，他忘記了禮拜堂、忘記了正在做禮拜的人、以及正在進行的禮拜……

他看著這些振擺不定的燈思考著，這些燈有時候擺動幅度大，有時幅度小，但都是在同時間發生的。於是，他默默地數著自己的脈搏來試驗自己的猜想，那一刻，只有脈搏是他唯一的計時器。

實驗得出：只要是振擺，不論其振幅大小如何，其週期總是一定的。透過對疑問的解答，伽利略發現了這個原理，並利用這一原理製造出了現在大家經常使用的掛鐘。而這個掛鐘，成為了伽利略有名的發明之一。

引起伽利略注意，並促使他最終做出最偉大發明的，並不是什麼驚人或者是很隱秘的東西，而是一件細小而簡單的事情。來做禮拜的人們，都看過那些擺盪的燈，但是大家對於它都習以為常，以為頭頂上的燈，擺動的方式本來就該是如此，所以從沒有人感到過疑問。伽利略卻不是這樣，他不肯放過那些哪怕是最細小的疑問，並且找到了瞭解和解決的方案。這也就說明了，為什麼伽利略能成為偉大科學家的原因。

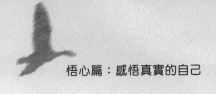

法拉第的電磁感應原理使發電機、電流傳輸，成了現代社會中必不可少的一部分；還有貝爾發明的電話；馬可尼的無線電話等等。事實上，那些大發明家能看見的事情，身為普通人的我們也都能看見。但他們看見了之後會對事情加以思索，他們提出了問題，然後他們再找出提出問題的答案。

當然，你問的所有問題不可能每一個都會有結果。但是，只要你不斷地問，總會有那麼一天，它會把你引到一個最重要的問題上。如果你從來都不去問，就會看不到問題，如果連問題都沒有見過，當然就更談不上回答它們了。每一個發明，都蘊含著一個問題的答案。

如果，沒有勤問問題的習慣，就不會發現事物中存在的問題；如果，你不知道問題的所在，又怎麼能很好地解決問題呢？對於進入你腦袋裡的東西，如果你只是原封不動地把它們儲藏起來的話，那麼，你的大腦不過只是一個倉庫而已。但是你應該為你所儲藏的東西建立目錄，當你需要它們的時候，你便可以毫不費力地找出來；如果你的腦袋只是一間專門的儲藏室，那大部分的東西你是不會取出來用的。

美國電力公司的CEO斯坦因麥茲說：「如果人們能不停地問問題，世界上，就不會有愚蠢的人。因為，世界上是沒有愚蠢問題的。」

如果有人指出我們問的問題是多麼的愚蠢，多半是因為他們的父母在他們還小的時候，並不能很好地回答他們問題的緣故。父母回答兒女的問題最常發生的情形是，當他們不能回答或是不知道該怎麼回答時，便不許兒女們再問了；一個上司如果本來知道的就不多，當然也就不喜歡他的下屬多問問題，因為這會使他出糗。另一方面，我們也應該注意問問題的時間和場合，不要在不適當的時候發問，也不要以一種糾纏的態度詢問，或是想借此故意暴露被問的人的無知。

其實問問題也是一門藝術。

芝加哥信託公司的總經理尤金・史帝文斯這樣問道：「你的腦袋究竟是一個貨櫃還是一個工廠？你是只把你的知覺當做一個倉庫，讓事實可以儲藏在你腦袋裡，還是把事實當做一種原料，經過你頭腦的加工廠創造出新的產品來？」

無論什麼問題，最好的方法就是自己找出自己所要問的答案來。你如果想解決它，就絕不能拿著別人的話當做最後的決斷。有時候，好問招致不幸的結果，其原因多半是因為問錯了人。碰了這種釘子，並不是說你以後就不應該再問，而是你應該透過別的方法來找出答案。如果一定要得到答案，就應該去問一個確實知道這個問題答案的人。浪費時間去和一些不知道答案的人糾纏，是一件很蠢的事，只能是自討沒趣，而絲毫無益於事情的解決。

還有的人不願向別人問問題，是因為感覺一遇到問題就提出疑問，似乎是承認了別人比自己知道的多。其實這是一種很愚昧的驕傲，其結果是極為可怕的。如果你問人家的問題，是一種你對於答案早已知道的態度的表示，那麼你最好就別問。無論答案的來源如何卑微，你提問的態度必須誠懇，必須抱著一種想真正瞭解的誠意。從別人那裡獲益的唯一秘訣，就是你能使別人感覺到你是真正承認和敬仰他們淵博而高深的知識才請教的。這種誠意的敬重能使你打開通往別人泉湧的心門，從而受益匪淺。

此外，一個凡事都好奇，都能發出疑問的大腦，可以從多方面及透過一些意想不到的方法獲得知識。我們可以不要和那些不知道問題答案的人去糾纏。然而，在另一方面，如果你專注於尋找知識或答案，有時候，你或許可以從很卑微或意想不到的地方獲得它們。

林肯總統，是一個善於利用「問話式的交談」得到許多他所關注的問題知識的人。而菲爾德，是一個曾從看門人小夥子那裡得到了許多很有價值知識的人。這個看門人小夥子認識他所有重要的顧客，知道那些顧客有多少小孩，年齡多大等相關資訊。除此之外，他還認識各分店的總經理，對於商店方面的知識，他知道的也非常廣泛。當菲爾德在溫泉會館休養的時候，一定會把這個看門人也叫過去和他住上幾天，把整天的時間都花在向他問問題上，他是一個想把他所知道的所有知識都擠出來的有趣的人。

言歸正傳，當我們需要問問題的時候，最佳的態度應該是：「承認自己有許多事情是不知道的；承認世界上有許多事情都有待你去學習；承認即便是一個打掃的婦人，她對於清潔方面的事情，一定比你知道的要多，或許你也可以從她那裡學到點什麼；承認你所知的一定比你所不知的少，而你是在虛心地學習你所不知道的東西。」當然，當你認為自己比旁人的知識淺薄，你就應該找出其中的原因，也就是說，你該如何去做努力才可以超越他人。因此，在你夢想著成為一個成功思想家的路途中，最重要的不是想什麼，而是該如何想什麼。當然，你學會了去問問題，但更重要的是你如何靠自己解決問題，而不再是一味地尋求別人的幫助，因為「靠天靠地不如靠自己」！

41. 進一步，退一步，瀟灑面對

有句俗話說：「君子報仇，十年不晚」，這就是典型的面待問題時的低調。這樣的人有著審時度勢的清醒，有著深謀遠慮的城府，有著欲成大事的胸襟。人們大多是在「經一事，長一智」之後，才有了如此胸懷的智慧。誰沒做過初生之犢，硬著頭皮往前撞，不管三七二十一，死了也要悲壯？那時認為這是表示自己的勇氣與自信，可殊不知，我們只是在白白犧牲自己的青春，除此之外只留下了年少輕狂的事實。

有一個初進社會的年輕人，在一家廣告公司裡任職。自認為有幾分才氣，於是個性十分衝動，沒過多久就得罪了經理。他開始感到自己在公司的日子一天比一天不好過。之後，每次會議上他都要挨上司的批評。當他確定挨批成為了會議裡的例行公事時，他感到非常苦悶。

他非常想一走了之。在與朋友傾訴了自己的煩惱以後，朋友問他：「公司業務的每一個環節你都學到了嗎？」他的回答是：「沒有」。「那你願意背著那些洗不清的罪名就離開嗎？」

「不願意，但是我在那裡也有理說不清啊！」

「那不一樣。君子報仇，十年不晚，你為什麼不學會了所有的業務以後再離開呢？」他細細考慮了朋友的話，認為很有道理，所以他堅持了下來，調整好心情，埋頭苦幹，在公司裡源源不斷地「充電」。過了一段時間，他兢兢業業的工作讓他贏得了亮眼的業債。一筆又一筆的生意紛紛到來，也增長了他的信心與經驗。這時他發覺，那些先前中傷他的謊言早已不攻自破，此時他不想離開公司了。

「進，固然需要努力；退，更需要智慧用心。」這是一句很有意義的話。

別人進，我也進，同進同樂，不是很快樂嗎？用不著自己去思考，不需要獨特的視角，不需要出眾的智慧，順著別人的意走，就萬事俱佳了。

但是「退」，並不像世俗認為的那樣。在趨之若鶩、爭名奪利之際，旁若無人地從容而退，那是一種超然，更是一種風度。

漫長的人生路，退一步、等一等，我們歇息一會兒，是為了能走得更遠做準備。每一次以退為進的等待能使你從「山窮水盡疑無路」轉眼就走入「柳暗花明又一村」的情況。航行中的船隻，預見風浪來臨，不會迎頭上去，而是暫避到無風的港灣。在自己實力強大時，迎頭痛擊對手是謀略，而在明知自己還不能抗敵的時候，暫避鋒芒更是智慧。懂得進退的人，才能利用機遇成就自己。只退不進，是懦夫；只進不退，是莽夫。進退得宜，才能從容面對成敗，瀟灑成就美滿的人生。

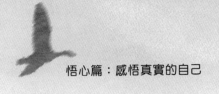

42. 維持工作的最佳狀態

每個人都一定會面對的一個問題是：要怎樣才能激發與保持旺盛的精力？要怎樣才能讓自己始終維持在最好的工作狀態。

很多人不能盡到全力做好自己的工作。其理由來自很多方面，像是錯誤的工作習慣、困頓的生活、錯誤的思考方法、工作方式不當以及職業不合個性等等，都會影響積極性的施展。

做好工作的所有條件其實都蘊含在自己身上，你就是自己最好的資本。取得成功的秘訣也在你的大腦、神經、肌肉和思維之中。所有因素都取決於你的身體與精神狀況，這將決定著你有沒有精力與能力去完成自己的工作。你所能展示的體力與精力的大小，將決定你未來的成功程度。對於你身體資本的一切損害，都是在減少自己的成功機率。

如果你思維敏捷、頭腦清醒、積極熱情，就一定能最大限度地調動與發揮自己的潛力。同時，你要認為自己每一點能量、情感、體力、才華都是非常寶貴的，不能輕易浪費，而是要用在有價值的事情上，任何一點浪費都是不能饒恕的罪過。你要預防自身能量的洩漏，絕不能對「成功的資本」作任何不必要的浪費。

同時，你還要鼓足所有的力量，用最有效的方法去做事。你要把一切能量集中起來，以達到最佳效果，竭盡全力地完成自己的任務。要是你每天不是以健康強壯、飽含活力的身體投入生活，而只是把部分精力放在工作上，你所獲得的成績就一定會十分的有限。

不管每天感覺怎樣，一定要強迫自己聽到鬧鐘響就迅速起床，振作起來，以積極的狀態面對生活，盡最大努力做好每一件事。不要和那些衣冠不整、無精打采、喜歡自怨自艾的人交往。

出門前要注意讓自己衣著得體。雖然說人不要總是在意自己的衣著打扮，但是，我們還是要養成衣著得體的習慣。衣著整潔會讓我們充滿自信，這會對於成功是有所助益的。要是你不注意穿著、灰頭土臉，在和人交往時，就會有一種不舒服的感覺，不但會信心不足，還會引起內心的不安，這樣只會耗費精力，傷害自尊心。

英國小說家薩克雷說過：「在每個人的臉上都寫有一個標示著信譽的字母。」我們的外形就是自己最好的廣告，要是衣冠不整，愁眉苦臉，在他人的眼中，我們給人的印象就會打折。其他人會根據自己看見的事物，對我們作出相對應的評價。他們會直覺認為，我們的外表就是內在的代表，他們藉由對外表的判斷從中瞭解我們的能力。如果衣著得體、舉止優雅，就能看出這個人工作和生活的狀態，這種觀點完全正確。要是頭髮凌亂，衣服鬆鬆垮垮，雖然這不能代表全部，可是它卻會在別人對我們的印象中體現出來。

想成就一番事業的年輕人，絕不會因為自己的條件有利，而放鬆對自己的要求。相反，豐厚的待遇與好處，只會使他們更有信心和力量去奮鬥。他們會充分利用自己的各種條件，從而來增加自尊心，獲得成功。

43. 逆向思維，破除常規

前幾年有一句話是這麼說的：「不是我不明白，而是這世界變化快。」是啊，時代在不斷發展，社會也一直在改變，世界萬物無不處於快速的發展變化之中。如果我們一直遵循原有的方式方法去做人做事，還堅守著「以不變應萬變」的舊規，就會跟不上時代，跟不上潮流，觀念就會老舊，事業就會停頓，人生就會陷於低谷。

事實證明，並不是每個人都可以成功地發揮自己的想像力和創造力，從而取得別人所能取得的成績。人們不能發揮創造力的原因多種多樣：有的人是因為心中存在某種局限性觀念；有的人則是存在一些認知障礙；也有的人是因為沒有處理好堅持與創新的相互關係。因此，人們要提高自己的創造力，發揮自己的創新性思維，就必須要做到突破固有的思維障礙，敢於向傳統觀念挑戰。

有一位業務員來拜訪一間公司的董事長，但董事長並不想接見他，於是請秘書去回絕，但業務員不死心，堅持請秘書將名片轉交給董事長。秘書恭敬地名片交給董事長，一如預期，董事長厭煩地把名片丟回去……

無奈地，秘書把名片退回去給站在門外看見尷尬場面的業務員，但業務員不以為意地再次把名片遞給秘書，「沒關係，我下次再來拜訪，所以還是請董事長留下名片。」拗不過業務員的堅持，秘書硬著頭皮，再進到辦公室，董事長火大了，將名片一撕兩半，丟回給秘書。秘書不知所措地楞在當場，董事長更生氣，從口袋拿出十塊錢，「十塊錢買他一張名片，夠了吧！」

沒想到當秘書遞還給業務員名片與銅板後，業務員很開心地高聲說：「請你跟董事長說，十塊錢可以買二張我的名片，我還欠他一張。」隨即再掏出一張名片交給秘書。

突然，辦公室裡傳來一陣爽朗的大笑，董事長走了出來，「這樣的業務員不跟他談生意，我還找誰談？」

這是業務員每天都會碰到的場面，如果光是靠修養或魔鬼訓練，還是會有洩氣的時候，就算是超級業務員也有倒地不起的一天。

能從別人設下的困局跳脫出來的人，都有著一個本事，那就是「逆向思考」，當你不順著設局者的邏輯思考時，你才能出自己的招，去破解對手的招數

如果你依靠常規方法不能有效地解決問題，那麼你就必須變換一下思考的角度，採用「逆向思維」方式，從事物的反面著手，很可能會收到意想不到的效果。反其道而行的特點就是，聽者以為行者會這麼說或這麼做，但實際上卻恰好相反，行者讓聽者自覺去領悟，從而讓聽者接受他的意見和建議，按照他的意圖辦事。

在春秋戰國時期，有一位叫沮衛的吳國使者，曾經成功地使用了反面

應對的技巧，救了自己一命。

那年，楚軍攻打吳國。吳國勢單力弱。吳王派沮衛給楚軍送去一份厚禮，順便查探一下軍情。不料沮衛被楚兵抓住了，楚兵紮紮實實把他綁起來，揚言要殺了他。

面對著迫在眼前的死亡，沮衛一派大將風範，不慌不忙，面無懼色。楚將感覺很奇怪，不解地問他：「你出發前，占卜過了嗎？」

「當然占卜過。」

「是凶是吉？」楚將望著被五花大綁的沮衛，覺得他上了圈套，所以非常洋洋得意。

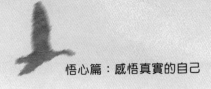

沮衛回答：「大吉。」

楚將高聲大笑道：「我現在就要殺掉你了，你還有什麼大吉啊！」

沮衛答道：「吳王派我來，真正的目的是試探你們的態度。如果你們對我以禮相待，那麼，吳國就會放鬆戒備；如果你們殺了我，吳國一定會百倍警惕。對吳國來說，難道不是一件天大的好事嗎？」

楚將心中一驚，追問道：「但是你自己完蛋啦，這怎麼能說是大吉呢？」

沮衛回答：「我是為了國家的前途占卜，而不是為了我個人占卜。如果殺了我就保全整個國家，對你們不會有任何好處；要是我死了，那麼，我的靈魂絕對要附在你們的戰鼓上，在戰爭最激烈的時候顯靈，讓你們的戰鼓發不出響聲，那你們就會一敗塗地了。」

沮衛所說的每一句話都合情合理，鏗鏘有力，再加上他說話時毫無懼色，穩如泰山的樣子，使這名楚將聽了之後束手無策。再三思考之後，他總感到殺沮衛祭鼓已經沒有什麼好處，只得長歎一聲，說：「算了，把他放了吧！」

沮衛保全了生命和尊嚴，靠的就是逆向思維。他善於聽取對方的話，及時辨明意圖，抓住重點，然後從反面給予鮮明的答覆，精闢分析震懾了對方，迫使對方放棄原有的觀點。

如果一個人想在這個瞬息萬變的社會上永遠保持前進，永遠不會被社會所淘汰，成為真正的成功者，最需要做的是什麼呢？那就是打破常規，不按老規矩，不去走舊人的路，而是走出自己的路。

44. 到生命裡尋找答案

當你若有所思時，是不是常常抬頭仰望天空，看著片片燦爛的雲彩呢？你是否曾經思考過，白雲的存在是一個奧秘，有時它的存在的確讓觀賞者心曠神怡。

然而卻沒有人願意做一朵白雲。白雲雖然純潔，卻只能任風擺佈。它沒有自己的目標、沒有自己的軌道、沒有理想、也沒有堅持。但我想說的是，它絕不是一個悲劇。恰恰相反，它是快樂的。如果你乘坐飛機像小鳥一樣從空中飛過，你一定能夠看到白雲歡騰的樣子。

它曾經是一滴水，在太陽的照耀下升騰而起，化作了一朵雲。風吹到哪裡，它就飄到哪裡，從不反抗，它無怨無悔地聽天由命。它曾經是一滴水，但現在是一朵雲。但有一天它也可能又會變成一滴水，進入河川，匯入大海，流入一棵樹的根，進入一個人的身體，去經歷生命的各種成長。

從表面上看來，人有時候也會像雲一樣聽天由命。當然，那只是一種假象。萬物靈長的人類怎麼會真的聽天由命呢？因為人類有自我性，有自我就會抗拒，有自我就不會聽天擺佈。雖然有時候他們也會不得已、無可奈何，但他們只在表面上聽天由命，內心其實充滿不滿甚至怨恨。

你會不會認為，你就是那個人，你就像那朵雲，不知道自己從何而來，從何而去。你困惑，你苦惱，你胡思亂想，你自作聰明，你爭取別人的認同，你想要讓自己顯得很強大，但所有的努力都是無濟於事的。生命有著它自己的成長方向，它不會聽你的——縱使你取得了全人類的認同，它也不會聽你的。

在這個世界上，只有人類才有可能會成為一個命中註定的悲劇，因為，只有人類才會遭遇到挫敗。但你無法挫敗一朵白雲，因為它是那樣無拘無束，在快樂中盡情舞蹈，在天空中盡情舞蹈……

到你的生命裡去尋找答案，你可以聽到它的聲音，你伴著它的腳步，邊走邊唱、翩翩起舞。你如果不那樣，就只會錯過成長的喜悅、錯過花開的美好，你會變得越來越迷茫、越來越痛苦，像一個老人一樣憔悴而苦楚。

45. 苦難後是幸福

我們大家或許都聽過「若非一番寒徹骨，哪得梅花撲鼻香？」這句詩句，那麼面對苦難時，你能否泰然面對呢？世上的事不如意的十之八九，我們在人生的旅途上不可能一帆風順，生活在這個世界上，我們總是必須和苦難並肩作戰。要是你被苦難打倒了，你的前途會美好嗎？克服苦難之後，你會看到苦難後是幸福，所謂的「先苦後甘」，說的就是這個道理。

縱觀歷史，那些擁有卓越成就的名人或偉人中，有許多人都是在和苦難的爭鬥中從而功成名就的，像是貝多芬和莫札特，單看我們身邊的一些人，特別是一些藝術家，不經過苦難的生活磨礪，如同貧窮的梵谷一般，他們往往不會成為好的藝術家。

相信我們都很熟悉一些炙手可熱的選秀節目，如果光憑自己的天賦登上那個舞臺，往往唱不出什麼出神入化的歌曲，只有在生活中得到磨礪，體會到了生活的酸甜苦辣，才會有感而發，進而迸發出火熱的激情，從而把歌曲唱得感人肺腑，有的時候，不管是專業的還是非專業的一名歌手，只要他經歷了那種生活磨礪，就可能會以一首歌而迅速走紅，就像歌手蕭煌奇，他雖然眼睛看不見，但就是因為他眼睛看不見，他才能將「你是我的眼」唱得如此動人傳神。

在我們的成長道路上，如果遇到苦難擋在我們面前，而我們束手無策時，就看看那些已經取得成就的人吧，向他們學習，進而從中去改變自我。

席勒是美國著名的潛能開發大師，他所使用的激勵方法內容豐富，深得學員們的愛戴，所以，他的名聲遠揚，時常應邀到世界各國去演講。

席勒最欣賞的話就是：「任何一個苦難和問題的背後，都有一個更大的祝福！」他不但時常用這句話來鼓勵學員積極思考，並且還將這一個思想灌輸給小女兒，由此他還在念小學的女兒對父親的這句名言，也能夠讀得朗朗上口。

他的女兒是一個十分活躍和熱愛運動的女孩。有一次，席勒應邀去韓國演講，演講過程裡，他收到一封來自美國的緊急電報，電報上說：他的女兒發生意外，已經送到醫院進行緊急手術，但情況不樂觀，他的女兒有可能必須截掉小腿！得到消息後，他匆匆結束了演講，迅速趕回美國。

回到美國，他看著已經截掉小腿的女兒痛苦地躺在病床上。

他發覺自己原本優秀的口才，此刻顯得異常笨拙，他不知應該用怎樣的方法來安慰這個熱愛運動和充滿活力的小天使。

聰明伶俐的女兒覺察了父親的心事，就對他說：「爸爸！我沒事，你不是常常告訴我，任何一個苦難和問題的背後，都有一個更大的祝福嗎？我不會因為失去小腿而難過的。」此時，席勒欣慰地看著女兒。

女兒安慰似的對席勒說道：「請爸爸放心吧，沒有了腳我還有手。」

兩年之後，席勒的女兒升入了中學，並且被選入壘球隊，成為她們隊上最優秀的壘球王。

在現實生活裡，很多人都害怕正視苦難，面對苦難只能退縮，更有人在還沒有達到預期目的時，就被苦難嚇跑了，並且產生了放棄的念頭。其實我們可以不用這麼消極。首先，我們必須要「放心」去面對，接著「用心」去解決，這時你會發覺，有些表面看起來非常惡劣的問題，其實只不過是紙老虎。我們不能幻想每天都過著完美的生活，也不能幻想生活中天天都是陽光明媚，一帆風順的。每個人在人生的道路中，註定都會有經歷艱難困苦的考驗，如果我們能懂得品嘗酸、甜、苦、辣、鹹這人生五味。事實上，幸福就是苦難重生，只要能笑看人生，再大的淒風苦雨又能奈我們何呢？

逆風飛翔：22歲後要擁有的45個黃金心態

作　　者　韓　冰

發 行 人　林敬彬
主　　編　楊安瑜
責任編輯　陳亮均
助理編輯　黃亭維
內頁編排　蘇佳祥
封面設計　洪偉傑

出　　版　大都會文化事業有限公司　行政院新聞局北市業字第89號
發　　行　大都會文化事業有限公司
11051台北市信義區基隆路一段432號4樓之9
讀者服務專線：（02）27235216
讀者服務傳真：（02）27235220
電子郵件信箱：metro@ms21.hinet.net
網　　　　址：www.metrobook.com.tw

郵政劃撥　14050529　大都會文化事業有限公司
出版日期　2013年1月初版一刷
定　　價　250元
I S B N　978-986-6152-64-1
書　　號　Growth054

First published in Taiwan in 2013 by
Metropolitan Culture Enterprise Co., Ltd.
4F-9, Double Hero Bldg., 432, Keelung Rd., Sec. 1,
Taipei 11051, Taiwan
Tel:+886-2-2723-5216　Fax:+886-2-2723-5220
Web-site:www.metrobook.com.tw
E-mail:metro@ms21.hinet.net
Copyright © 2013 by Metropolitan Culture Enterprise Co., Ltd.

◎本書如有缺頁、破損、裝訂錯誤，請寄回本公司更換。

版權所有・翻印必究
Printed in Taiwan. All rights reserved.

大都會文化 METROPOLITAN CULTURE

國家圖書館出版品預行編目(CIP)資料

逆風飛翔：22歲後要擁有的45個黃金心態 / 韓冰著. -- 初版. -- 臺北市：大都會文化, 2013.01
256面；　21×14.8公分. -- (Growth；54)

ISBN 978-986-6152-64-1 (平裝)

1.人生哲學　2.通俗作品

191.9　　　101025699

大都會文化　讀者服務卡

書名：**逆風飛翔：22歲後要擁有的45個黃金心態**

謝謝您選擇了這本書！期待您的支持與建議，讓我們能有更多聯繫與互動的機會。

A. 您在何時購得本書：______年______月______日

B. 您在何處購得本書：____________書店，位於____________(市、縣)

C. 您從哪裡得知本書的消息：

1.□書店　2.□報章雜誌　3.□電台活動　4.□網路資訊

5.□書籤宣傳品等　6.□親友介紹　7.□書評　8.□其他

D. 您購買本書的動機：（可複選）

1.□對主題或內容感興趣　2.□工作需要　3.□生活需要

4.□自我進修　5.□內容為流行熱門話題　6.□其他

E. 您最喜歡本書的：（可複選）

1.□內容題材　2.□字體大小　3.□翻譯文筆　4.□封面　5.□編排方式　6.□其他

F. 您認為本書的封面：1.□非常出色　2.□普通　3.□毫不起眼　4.□其他

G. 您認為本書的編排：1.□非常出色　2.□普通　3.□毫不起眼　4.□其他

H. 您通常以哪些方式購書：(可複選)

1.□逛書店　2.□書展　3.□劃撥郵購　4.□團體訂購　5.□網路購書　6.□其他

I. 您希望我們出版哪類書籍：（可複選）

1.□旅遊　2.□流行文化　3.□生活休閒　4.□美容保養　5.□散文小品

6.□科學新知　7.□藝術音樂　8.□致富理財　9.□工商企管　10.□科幻推理

11.□史地類　12.□勵志傳記　13.□電影小說　14.□語言學習（____語）

15.□幽默諧趣　16.□其他

J. 您對本書(系)的建議：

____

K. 您對本出版社的建議：

____

讀者小檔案

姓名：____________ 性別：□男　□女　生日：____年____月____日

年齡：□20歲以下 □21～30歲 □31～40歲 □41～50歲 □51歲以上

職業：1.□學生 2.□軍公教 3.□大眾傳播 4.□服務業 5.□金融業 6.□製造業

7.□資訊業 8.□自由業 9.□家管 10.□退休 11.□其他

學歷：□國小或以下 □國中 □高中／高職 □大學／大專 □研究所以上

通訊地址：______________________________

電話：（H）____________（O）____________ 傳真：____________

行動電話：____________ E-Mail：____________________

◎謝謝您購買本書，也歡迎您加入我們的會員，請上大都會文化網站 www.metrobook.com.tw 登錄您的資料。您將不定期收到最新圖書優惠資訊和電子報。

北區郵政管理局
登記證北台字第9125號
免貼郵票

大都會文化事業有限公司
讀者服務部　收

11051台北市基隆路一段432號4樓之9

寄回這張服務卡〔免貼郵票〕
您可以：
◎不定期收到最新出版訊息
◎參加各項回饋優惠活動